Dénes Krusovszky
Das Land der Jungen

Die Andere
Bibliothek

Begründet von
Hans Magnus Enzensberger

Dénes Krusovszky

Das Land der Jungen

Erzählungen

Aus dem Ungarischen
von Terézia Mora

»Es gibt eine Angst vor der Wollust, die selbst wollüstig ist, wie eine gewisse Angst vor dem Tode tödlich sein kann.«

JOSEPH ROTH

Bevor mein Vater zersägt wurde

Bevor mein Vater zersägt wurde, war er, soweit ich mich erinnern kann, ganz glücklich. Dabei fing der Frühling für uns alle nicht besonders schön an. Alles begann damit, dass er seine Stelle verlor und meine Mutter ihm das nicht verzeihen konnte. Ich habe es immer noch im Ohr, wie sie sich in der Küche anschreien, sie denken, wir schlafen schon, aber sowohl ich als auch mein kleiner Bruder knien auf den Dielen in unserem Zimmer, lauschen durch den Türspalt und

versuchen aus dem unartikulierten Gebrüll heraus-
zuschälen, worüber sie sich denn nun wieder streiten.
Meine Mutter sagt, mein Vater sei ein niederträchtiger
Gewohnheitssäufer, und es sei doch zu erwarten gewesen, dass das irgendwann jemandem auffällt. Mein Vater
verteidigt sich natürlich, meine Mutter solle ihn bloß
nicht beschuldigen, er habe seine Arbeit immer anständig erledigt, bestimmt hat der Chef einen heimlichen
Speichellecker, dem er die Stelle versprochen hat. Und
überhaupt, wen geht es etwas an, was er zur Jause oder
zur Vesper trinke. Woraufhin meine Mutter auf den
Tisch schlägt und sagt, dass er es wenigstens abstreiten
hätte sollen, bestimmt habe er einfach alles zugegeben
und nicht einmal versucht, Widerstand zu leisten, dabei
habe auch er Bekannte, sogar beim Gemeinderat, hätte
er sich mal auf die berufen.

Mein Bruder und ich blicken uns an, ich sehe, dass
er nicht recht weiß, ob das jetzt ein Anlass zum Weinen
ist oder nicht. Ich streichle ihm über den Kopf und helfe
ihm, zurück ins Bett zu krabbeln. Das dauert bestimmt
noch eine Weile, flüstere ich ihm ins Ohr, und du musst
morgen früh in den Kindergarten. Als er Kindergarten
hört, beruhigt er sich sofort, sosehr er ihn in der Gruppe
der Kleinen noch hasste, so sehr liebt er ihn jetzt, da er
in der mittleren Gruppe ist, wenn er könnte, würde er
sogar am Wochenende hingehen, um den ganzen Tag
am Hals der Kindergärtnerinnen zu hängen. Neulich,
als wir spazieren gingen, wollten meine Mutter und
ich Richtung Park gehen, der rechts von unserem Haus
liegt, aber er hat sofort angefangen, Theater zu machen.

Nein, in die Richtung will er nicht, wir sollen nach links, er wolle Richtung Kindergarten gehen. Erst haben wir nur gelacht über ihn, aber dann sind wir schnell dahintergekommen, dass er es ernst meint. Aber es ist doch Sonntag, großer Gott, sagte meine Mutter, am Ende mussten wir aber doch nachgeben. Wir wohnen nicht gerade im Stadtzentrum, und zum Kindergarten muss man noch weiter hinaus. Noch dazu gibt es dort in der Gegend überhaupt nichts, nur graue Straßen mit immer schmaleren, immer holprigeren Gehwegen, weder eine Bank noch einen Spielplatz, alles eine einzige Ödnis. Und alle zehn Meter diese kahl geschnittenen Bäume, vor denen ich damals richtiggehend Angst hatte. Ein Stamm, der aus der Erde ragt, das ist alles, ein Baum ohne Äste, ohne Blätter, lange Zeit dachte ich, die Bäume leben gar nicht mehr, und ich verstehe bis heute nicht, warum man sie so übel zurechtgestutzt hat. Über solche Straßen mussten wir also spazieren, während wir, Mutter und ich, ich sah es ihr an, darüber nachdachten, wie viel schöner es jetzt wäre, auf einer Bank im Park zu sitzen. Wer weiß, vielleicht würden wir sogar Bekannte treffen, da gibt es auch einen Spielplatz, das heißt eine Rutsche und zwei Schaukeln. Obwohl die Kette der einen schon seit einem halben Jahr abgerissen ist und seitdem noch keiner einen Finger gerührt hat, um sie zu reparieren. Trotzdem ist der Park aufregender als diese Gegend hier.

Und dann, als wir ankommen, sehe ich meinem Bruder an, dass er plötzlich gar nicht mehr wahrnimmt, dass wir hinter ihm sind. Mit einem Mal geht er auf die andere Straßenseite und bleibt am Zaun stehen. Krallt sich mit beiden Händen im Maschendrahtzaun fest und drückt sein Gesicht dagegen, so schaut er hinein. Ich bleibe irgendwo auf halbem Wege stehen und drehe mich hin und her, schaue zum Rücken meines Bruders, er rührt sich nicht, schaue zu meiner Mutter, sie auch nicht, sie kramt in ihren Taschen, holt eine Zigarette hervor, aber sie geht nicht weiter auf uns zu. Wahrscheinlich spielt sie auf Zeit. Ich schaue wieder meinen Bruder an, nichts, ich drehe mich um, Mutter bläst gelangweilt den Rauch aus. Was ist los mit denen? Ich gehe langsam los in Richtung Zaun, da dreht sich mein Bruder um, ich sehe, dass er weint, dennoch muss ich lachen. Das Netzmuster des Maschendrahtzauns hat sich ihm in die Stirn gedrückt, jetzt sieht er aus wie ein kleiner Alien.

Ich höre mich lachen, für einen Moment höre ich gar nichts anderes mehr. Ich glaube, das ist so eine Art Selbstschutzmechanismus, ich schließe die Außenwelt aus, meine herumstehende Mutter hinter mir, meinen schluchzenden Bruder vor mir, diese ganze graue Ödnis, die mich umgibt. Ich fürchte, es waren Momente wie dieser, in denen ich mir das laute Wiehern angewöhnt habe, für das ich später so oft aufgezogen wurde und ich mich so häufig schäme. Nicht ein Fitzelchen Ehrlichkeit ist in diesem Lachen, und ich weiß, dass das auch andere bemerken.

Als ich endlich aufgehört habe zu lachen, steht mein Bruder schon wieder mit dem Gesicht zum Zaun, in derselben Haltung wie zuvor, aber jetzt weint er hemmungslos, ich sehe es an seinem Rücken, wie er sich schüttelt. Ich gehe hin, stelle mich neben ihn, aber ich sage nichts,

ich hänge einfach wie er die Finger in den Maschendrahtzaun und schaue auf den Hof des Kindergartens. Schließlich ist er es, der etwas sagt, er spricht mit Unterbre-
chungen, wegen des Weinens, nehme ich an, er bekommt
kaum Luft. Ich dachte, wenigstens du verstehst es, sagt
er, während er zu mir hochschaut, weil ich mindestens
drei Köpfe größer bin. Tu ich ja, sage ich, während ich
mich zu meiner Mutter umblicke, ich habe nicht darüber gelacht, nur dein Kopf war so witzig. Das versteht er
nicht auf Anhieb, also nehme ich seine Hand und drücke
sie ihm auf die Stirn, damit er die Abdrücke spürt. Jetzt
lacht auch er, natürlich, wir lachen gemeinsam, und wie
wir uns umdrehen, sehen wir, dass auch Mutter lächelt,
was gut ist, aber in Wahrheit bin ich etwas böse auf sie,
denn sie müsste hier an meiner Stelle stehen.

Im Übrigen hat mein Vater im Stadtbad gearbeitet, bis er gefeuert wurde, er war Bademeister. Ich habe
nie richtig schwimmen gelernt, ich habe mich einfach
zu sehr vor meinem Vater geschämt, dafür, dass ich es
nicht von vornherein konnte. Natürlich wird keiner so
geboren, dass er schwimmen kann, das heißt irgendwie
schon, aber dann vergisst man es wieder. Im Normal-
fall gehen die Leute dann zu einem Schwimmkurs und
kommen langsam wieder rein. Ich hingegen, da der einzige Schwimmkurs von meinem Vater abgehalten wurde,
wollte mich vor ihm nicht ungeschickt zeigen, und ich
sah ihm an, dass es ihm lieber wäre, wenn ich nicht jeden
Nachmittag mit den gleichaltrigen Kindern zu ihm käme.
So einfach kommt es einem natürlich nur im Nachhinein
vor, ich kann mich erinnern, was für einen Krampf ich

im Bauch hatte vor unserer ersten gemeinsamen Stunde. Ich versteckte mich hinter einem Schrank auf dem Flur neben dem Lernbecken und spähte von dort aus. Mein Vater watete ins Wasser, es reichte ihm bis zur Mitte der Oberschenkel, während es den Jungs bis zur Taille ging, und aus diesem Blickwinkel betrachtet schien er ziemlich selbstsicher. Er tauchte beide Hände ins Wasser, machte ein paar kurze rudernde Bewegungen, bevor er sie zusammenpresste und eine große Portion Wasser abmaß, mit der er sein kurzgeschorenes Haar und sein Gesicht befeuchtete, und danach, mit einer kleinen Portion, noch einmal seinen Bart. Als er damit fertig war, sah er sich um. Er hatte bestimmt bemerkt, dass ich fehlte, aber er sprach meinen Namen nicht aus, er fragte nur, ob alle da seien, und die anderen sagten ja. Ich hatte sie noch in der Umkleide mit extra für diesen Zweck gekauften Bonbons bestochen. Das Ganze war merkwürdig, mein Vater wusste, dass ich nicht da war, und er wusste auch, dass die Jungs logen, wenn sie sagten, dass alle anwesend seien. Während die Jungs ihrerseits wussten, dass mein Vater merkte, dass ich nicht da war, und er trotzdem nicht nachfragte, denn dazu müsste er meinen Namen aussprechen, der auch der seine ist. Sein Verdacht war berechtigt, dass, wenn er in einer ausgeblichenen roten Badehose vor fünfundzwanzig Kindern im Wasser stehend fragte, ob ich da sei, alle das sofort so verstehen würden, als ob er fragte, ob er selbst da sei. Und es gab nichts, wovor mein Vater größere Angst hatte, als sich vor seinen Schülern lächerlich zu machen. Er schwieg für einen Moment, sah sich noch einmal unter den Kindern um und begann dann mit der Stunde. Erst werden wir das Atmen lernen, sagte er, den Rest habe ich nicht mehr gehört, ich schlich mich in die Umkleide zurück.

Die ganze Sache wäre auch gar nicht mehr zur Sprache gekommen, hätte meine Mutter nach dem Abendessen nicht danach gefragt. Aber schließlich hatten wir doch Glück, denn noch bevor wir etwas hätten antworten können, begann *Das Krankenhaus am Rande der Stadt*, und da mussten wir still sein. Mein Vater sagte auch kein Wort, er wandte sich langsam zu mir, und als er bemerkte, dass auch ich lieber schwieg, sah er sich seelenruhig weiter die Serie an.

Das alles spielte sich irgendwann letztes Jahr im Herbst ab, aber richtig schlecht zu laufen begannen die Dinge erst dieses Frühjahr. Meine Mutter kam immer später von der Arbeit nach Hause, sie redete sich auf Überstunden raus, aber mein Vater war von Anfang an skeptisch. Er musste irgendetwas mitbekommen haben, denn bei ihren ersten großen Krächen berief er sich immer darauf, dass er von da oder da gehört habe, mit wem meine Mutter ihre Überstunden mache, und zu was für einer Art Landvermessung sie an den Wochenenden fahre. Mein Bruder und ich knieten dabei in unserem Zimmer auf dem Boden und belauschten sie. Anfangs verstanden wir nicht, was vor sich ging. Unseren Vater fanden wir nach solchen Nächten voller Streit oft im Wohnzimmer, er lag zusammengekrümmt auf dem Sofa, mit dicken Tränensäcken und verdrehten Augen. Er war mit dem karierten Tischtuch vom Esstisch zugedeckt, um ihn herum lagen etliche Bierflaschen. Bis dahin war mir gar nicht aufgefallen, dass wir Bier im Haus hatten, aber bald schon verdrängten die Bierflaschen beinahe alles andere aus dem Kühlschrank. Meine Mutter war an solchen Morgen ein nervliches Wrack, und während wir hinausgingen, drehte sie unsere Köpfe weg, sobald wir zu unserem Vater sahen, und wenn wir uns widersetzten, ohrfeigte sie uns sogar. Damals fing es an, dass mein Bruder ständig weinte. Natürlich hatte er auch vorher manchmal geweint, schließlich war er noch klein, aber von da an tat er fast nichts anderes mehr. Er weinte nur dann nicht, wenn er in den Kindergarten ging, und meine Mutter war der Meinung, das sei eine Art Entwicklung, er verstehe jetzt, dass man dort hingehen muss. Meiner Meinung nach gefiel es ihm zu Hause einfach nicht mehr. Später musste es auch meine Mutter einsehen, irgendwann fiel ihr auf, dass er auf dem Hinweg nie weinte, aber wenn sie ihn abholte, fing er zu schluchzen an. Nur leider zog sie die falschen Schlüsse daraus.

Meine Mutter arbeitete beim Gemeinderat, im Grundbuchamt, oder wie das heißt. Manchmal ging ich bei ihr vorbei, weil es auf dem Weg von der Schule lag. Lange Zeit freute sie sich über diese unangekündigten Besuche. Ich weiß bis heute, was sie für ein Gesicht machte, als ich das erste Mal bei ihr auftauchte, sie küsste mich und führte mich herum, um mich allen vorzustellen. Wir gingen sogar zum Gemeinderatsvorsitzenden hinein. Der Vorsitzende war ein großer Mann mit lila Gesicht und einer Reibeisenstimme, sein fast ganz ergrautes Haar war nach hinten gekämmt und klebte so ordentlich an seinem Schädel, dass ich es ununterbrochen anstarren musste.

Ich bin Onkel Jóska, sagte der Alte und reichte mir die Hand. Woraufhin ich frech einschlug, und wir lachten alle drei. Das ist mein Großer, sagte meine Mutter, und der Vorsitzende antwortete, während er sich eine Zigarette ansteckte, aha, bringen Sie den Kleinen auch mal rein, und zusammen mit den Worten kam eine große Rauchwolke aus seinem Mund. Er machte ganz und gar den Eindruck eines altersschwachen Drachen.

Er trägt ein Haarnetz, sagte meine Mutter später, draußen auf dem Flur. Sie hatte gesehen, dass ich das Haar des Alten anstarrte, sie schenkte mir also Aufmerksamkeit. Ich lachte, aber noch nicht dieses Wiehern, und lief voraus, um die Zeichnungen aus meinem Ranzen zu holen, die ich in der Schule gemacht hatte. Als Belohnung für die Aufmerksamkeit darf sie sich eine aussuchen, dachte ich, aber bis ich die Blätter hervorgeklaubt hatte, unterhielt sie sich schon mit jemand anderem. Der Mann, mit dem sie da stand, hatte eine beginnende Glatze und einen Backenbart. Als ich ihn sah, kam mir in den Sinn, ob er wohl deswegen so viel Haar in seinem Gesicht wachsen ließ, weil auf seinem Kopf so wenig davon war. Aber das traute ich mich ihn nicht zu fragen. Das ist er also, sagte er zu meiner Mutter, bevor er sich lächelnd neben mich hockte. Ich bin Géza, sagte er, kannst ruhig Du sagen, und dann reichte auch er mir die Hand. Bei ihm schlug ich dann nicht mehr ein, ich schüttelte die Hand wohlerzogen und sagte meinen Namen.

Auf dem Weg nach Hause ärgerte ich mich immer noch darüber, dass ich wegen dieses Backenbart-Typen meiner Mutter nicht die Zeichnungen zeigen konnte. Sie bemerkte natürlich, dass irgendwas nicht stimmte, und fing an, mich über meinen Bruder auszufragen. Ob es ihm meiner Meinung nach gutginge, was er so erzähle, warum er so viel weine? Ich hatte keine große Lust zu antworten, aber dann rückte ich doch damit heraus, dass mein Bruder nicht gerne zu Hause sei, er habe Angst, und ich fügte sogar noch hinzu, dass ich zwar keine Angst hätte, aber mich auch nicht besonders wohlfühlte. Meine Mutter blieb plötzlich stehen, ließ meine Hand los und sah mich an. Ich sah an ihren Augen, dass sie nah dran war, in Tränen auszubrechen, aber schließlich konnte sie es doch irgendwie verhindern. Ja, euer Vater macht uns in letzter Zeit viel Sorgen, sagte sie, worauf ich gerne erwidert hätte, dass das nicht nur auf ihn zuträfe, aber sie ließ mir keine Zeit dafür. Sie nahm wieder meine Hand und zerrte mich mit immer schnelleren Schritten nach Hause.

Als wir ankamen, saß mein Vater in der Küche, meinen Bruder auf dem Schoß, vor ihnen auf dem Tisch ein Glas Milch und eine Flasche Bier. Meine Mutter zog mich noch im Flur zu sich und sagte leise, ich solle etwas aus aus dem Kühlschrank nehmen, in meinem Zimmer essen und auch meinen Bruder mitnehmen. Ich spürte, es würde etwas Schlimmes passieren. Ich schmierte mir, so schnell ich konnte, ein großes Butterbrot, warf zwei Scheiben Fleischwurst darauf, dann beugte ich mich zu meinem Bruder hinunter und flüsterte ihm ins Ohr, dass er mitkommen solle ins Kinderzimmer, ich würde ihm ein Geheimnis erzählen. Neugierig, wie er war, lief er sofort los, ich ihm hinterher, aber als ich an meinem Vater vorbeiging, berührten sich unsere Schultern für einen Moment, woraufhin er mich packte und fest umarmte. Ich habe natürlich so getan, als würde ich mich befreien wollen, und vielleicht habe ich auch gesagt, er solle damit aufhören, aber in Wahrheit tat mir diese plötzliche Umarmung ziemlich gut. Ich weiß gar nicht, wann es das letzte Mal so etwas zwischen uns gegeben hatte.

Sobald ich die Tür hinter mir zugemacht hatte, kniete ich mich auf den Boden und vergaß sogar, dass ich meinem Bruder ein Geheimnis versprochen hatte, so gespannt war ich, was da draußen vor sich ging. Nach einer kleinen Weile hörte ich meinen Bruder schniefen. Zur Hölle auch, sagte ich mit gedämpfter Stimme, ich fasse es einfach nicht, dass du immer so einen Zirkus machen musst. Aber du hast es versprochen, wisperte er vor sich hin, ist ja gut, antwortete ich und setzte mich neben ihn aufs Bett. Was ist das Geheimnis, fragte er, und da erzählte ich ihm, dass ich heute Nachmittag bei Mutter im Rathaus war, und da sei ich Gestalten begegnet, das glaube er nicht. Zum einen war da der Vorsitzende des Gemeinderats, der ist ein Drachen, aber man muss keine Angst vor ihm haben, er ist schon so alt, dass nur noch Rauch aus seinem Maul quillt, und nachts drückt er sich das Haar mit einem Netz auf den Schädel, damit es nicht herunterfällt. Und dann war da auch noch Mutters Kollege, der Géza, der sein Haar schon verloren hat, deswegen hat er angefangen, sich Haare im Gesicht wachsen zu lassen, damit sein Kopf nicht völlig nackt ist. Ich hätte noch weitererzählt, denn ich habe eine ziemlich gute Phantasie, aber da hörte ich meinen Vater draußen brüllen.

Er schrie, fick dich, und dann noch lauter, fickt euch beide. Und mein Bruder, der gerade dabei war, von den Geschichten bessere Laune zu bekommen, fing wieder zu heulen an. Meine Mutter konnte ich kaum hören, sie brüllte nicht, sie sprach eher irgendwie kalt und beherrscht. Ich ließ meinen Bruder auf dem Bett zurück, drückte mir den Rest des Butterbrots in den Mund und legte mich vor der Tür auf den Bauch, um weiterzulauschen. Meine Mutter sagte gerade, du richtest auch die Kinder zugrunde, nicht einmal sie können dich mehr ertragen. Das machte mich wütend, warum sie sich überhaupt auf uns berief, sie wusste doch überhaupt nicht, was los war. Ich überlegte hinauszurennen und ihnen zu sagen, dass sie damit aufhören sollen, weil sie beide ganz genau gleich bescheuert sind, aber dazu war ich zu feige, und außerdem redete da mein Vater schon wieder leiser. Er sagte, gut, dann werde er jetzt gehen, aber meine Mutter solle ja nicht denken, dass das das Ende sei, er werde sich nicht so leicht geschlagen geben, und überhaupt, er habe dieses Haus mit seiner beider Hände Arbeit erbaut, das könne ihm keiner wegnehmen. Und meine Mutter lachte nur, du bist erbärmlich, sagte sie, mehrmals hintereinander, du bist erbärmlich, erbärmlich bist du.

Am nächsten Morgen lag mein Vater nicht auf dem Sofa, und auch die Bierflaschen lagen nicht überall im Wohnzimmer herum. Meine Mutter hatte allerdings mindestens so tiefe Gräben unter den Augen wie sonst mein Vater. Wortlos bereitete sie uns das Frühstück zu, zog uns an und begleitete uns bis zum Gartentor. Heute bringst du deinen Bruder in den Kindergarten, sagte sie, und obwohl ich keine Lust hatte, so weit zu laufen, spürte ich, dass ich nicht widersprechen durfte. Gut, sagte ich, aber nur heute. Meine Mutter verzog den Mund, ich weiß nicht, ob es ein verrutschtes, trauriges Lächeln war oder eine verächtliche Grimasse, jedenfalls antwortete sie nicht, sie schloss nur das Tor hinter uns. Aber ich blieb einfach stehen. Was ist los, fragte sie, kommt ihr nicht zu spät? Drauf geschissen, versetzte ich plötzlich, ich wollte sie ärgern. Ich wünschte mir, sie würde mich beim Mantel packen und durchschütteln oder mit mir schimpfen, mich ohrfeigen, aber nichts. Wie du meinst, sagte sie ruhig, drehte sich auf dem Hacken um und ging wieder ins Haus.

An dem Tag sammelte ich drei Rügen ein, weil ich mich im Unterricht einfach nicht konzentrieren konnte, und wenn die Lehrer was sagten, gab ich Widerworte. Besonders der Sportlehrer rastete aus, als ich das Seil nur bis zur Hälfte hochkletterte. Er stand unter mir, hielt mit der rechten Hand das Seil und sagte, du kannst es, los, los. Aber da war ich schon auf dem Weg nach unten und als ich dort ankam, sah ich ihn an und sagte nur, das Ganze hat doch überhaupt keinen Sinn, und dass ich heute nicht mehr aufs Seil gehen würde, darauf könne er Gift nehmen. Ich sah, dass ihm fast der Kopf platzte, er war es nicht gewohnt, dass ein Kind so mit ihm redete. In Ordnung, ich will mit deinen Eltern sprechen, sagte er, woraufhin ich loslachte, mit jenem erschreckenden Wiehern, das ich schon ziemlich perfektioniert hatte. Ich sah ihm die Überraschung im Gesicht an, was ist, fragte er, wieso lachst du so? Das wird schwerlich möglich sein, sagte ich und sah ihm direkt in die Augen, meine Eltern reden nicht einmal miteinander, zusammen werden sie bestimmt nicht herkommen.

Ich war irgendwie auch stolz, wie schwer ich es jetzt hatte, dass ich von nun an ein Problemkind sein würde. Ich dachte gerne daran, dass die Erwachsenen mich jetzt bedauerten. Manchmal kommt dieses Gefühl noch heute in mir hoch, reflexartig, obwohl ich mich dafür unheimlich schäme, schon damals, unter dem Seil stehend, schämte ich mich irgendwo tief drinnen dafür. Ich glaube, der Sportlehrer begriff einigermaßen, was mit mir los war, er nahm Abstand davon, meine Eltern einzubestellen, und auch davon, mich wieder aufs Seil hinaufzujagen. Ich bekam eine Rüge und musste auf der Bank sitzen, während die anderen Fußball spielten, das war alles.

Am Nachmittag ging ich wieder zu meiner Mutter ins Rathaus, aber ich fand sie nicht in ihrem Zimmer. Ich fing an, auf den Fluren hin und her zu laufen, da ich aber noch nie allein dort gewesen war, verirrte ich mich. Überall gab es den gleichen roten Teppich und die gleichen riesigen, mit Kunstleder bezogenen, gepolsterten Türen. Nur die Namen neben den Türen waren immer andere, sie sagten mir alle nichts. Ich wurde immer nervöser, bis ich in einem Flur, der den meinen kreuzte, den Vorsitzenden erblickte. Er lief gedankenverloren vor sich hin, längliche blaue Rauchschwaden in der abgestandenen Luft des engen Flurs hinterlassend. Ich musste ein bisschen nachdenken, aber dann fiel mir sein Name ein, ich rief ihm schnell hinterher. Onkel Jóska blieb stehen, sah sich verwirrt um, als wäre er sich nicht sicher, woher die Stimme kam. Wer ist da, fragte er. Na ich, sagte ich und rief meinen Namen, während ich weiter auf ihn zuging. Bestimmt sieht er nicht gut, aber es gehört sich nicht, danach zu fragen, also sprach ich das lieber nicht an. Ach, du bist das, sagte er und grinste. Ja, wissen Sie, ich kann meine Mutter nicht finden. Aha, na ja, das passiert jedem früher oder später einmal, sagte er und zwinkerte. Ich verstand nicht ganz, was er damit meinte, also rührte ich mich nicht von der Stelle und sah ihn nur starr an, in der Hoffnung auf eine brauchbare Antwort. Er zog an seiner Kippe, streichelte meinen Kopf, und dann sprach er wieder so, dass sich bei jedem Wort auch ein wenig Rauch aus seinen Lungen befreite. Ist gut, sagte er, ich denke, du solltest mal im Zimmer des Kollegen Géza nachschauen, aber wenn jemand fragt, wer das gesagt hat, verrate ja nicht, dass ich es war. Und wo ist das Zimmer, fragte ich mit brüchiger Stimme. Bieg hier zweimal nach rechts ab, und dann die dritte Tür, antwortete der Vorsitzende, spazierte weiter und verschwand hinter der nächsten Ecke. Dabei sprach er vor sich hin, für eine Weile hörte ich noch deutlich, wie er immer wiederholte, Géza, Kollege Géza, dass ich nicht lache.

Ich ging in die Richtung, die mir der Vorsitzende genannt hatte, fand die Tür und daneben, auf einer kleinen Messingtafel, auch den Namen: Géza Takách. Ich hatte diesen Familiennamen noch nie so geschrieben gesehen, ich wunderte mich über dieses ch, ich überlegte sogar, ob sie es vielleicht einfach falsch geschrieben hatten, aber dass ich eines Tages auch etwas mit ihm zu tun haben würde, hätte ich nicht einmal im Traum gedacht. Benommen stand ich einige Minuten da, ich kam erst zu mir, als das Geräusch von sich nähernden Schritten über den Flur zu mir herüberhallte. Ich sah mich erschrocken um, aus irgendeinem Grund wollte ich nicht, dass mich jemand vor der Tür stehen sah, also trat ich ohne anzuklopfen ein. Meine Mutter und Géza Takách standen da, einander umarmend, die Hand des Mannes tief im langen, dunklen Haar meiner Mutter vergraben, mit winzigen Bewegungen massierte er ihren Nacken. Als er mich sah, erschrak er, ich sah es ihm an, seine massierende Hand hielt inne, und mit seinem Oberkörper lehnte er sich ein wenig nach hinten, entfernte sich vom Oberkörper meiner Mutter, die das sofort spürte, zu ihm hochsah, und da der Mann nichts sagte, mich nur anstarrte, musste meine Mutter an seinem Blick ablesen, was das Problem war. Ich brachte kein Wort hervor, obwohl ich mir gar nicht sicher war, worum es in der Szene, deren Zeuge ich unerwartet geworden war, genau ging. So viel begriff ich sofort, dass ich sie nicht so hätte zusammen sehen sollen, nur die Details fügten sich noch nicht zu einem Ganzen. Meine Mutter drehte sich um, ließ dabei aber Takáchs Taille noch nicht los, erst als sich unsere Blicke trafen, da allerdings riss sie ihre Hand weg, als wäre es möglich, so zu tun, als hätte es die Umarmung niemals gegeben. Ich ging langsam rückwärts, ohne ein Wort zu sagen, und als mein Schulranzen den Türpfosten berührte, drehte ich mich um und rannte los, raus aus dem Zimmer, über die Flure, ins Treppenhaus und weiter, hinaus auf die Straße. Anfangs hörte ich noch, dass meine Mutter mit versagender Stimme meinen Namen rief und mir hinterherrannte, aber das Klappern ihrer Absätze sagte mir, dass sie hochhackige Schuhe anhatte, ich konnte mir sicher sein, dass sie mich nicht würde einholen können. Ich lief ohne anzuhalten bis nach Hause, ich hätte langsamer werden können, aber ich konnte nicht, dabei hatte ich schon Seitenstechen, ich schwitzte unter dem Mantel, der Schulranzen schlug gegen meinen Rücken und mir lief der Rotz aus der Nase, egal, ich rannte, so schnell ich konnte.

Erst vor unserem Haus hielt ich an, keuchend, mit pfeifender Lunge. Ich lehnte mich mit dem Rücken gegen unseren Zaun und ließ mich langsam in die Hocke gleiten, während ich mit dem Ärmel meines Mantels versuchte, mir den Rotz aus dem Gesicht zu wischen. Ich weinte nicht. Für einige Momente wurde mir schwarz vor Augen, ich musste mich auf den kalten Gehsteig setzen. Ich weiß nicht, wie lange ich mit dem Kopf zwischen den hochgezogenen Knien dort kauerte, aber langsam ließ die Erschöpfung nach und damit irgendwie auch die Wut. Ich hasste meine Mutter und ich hasste Géza Takách, natürlich, aber ich wollte weder etwas zerschlagen, noch ziellos weiterrennen. Als ich mich wieder auf die Beine stellte, merkte ich, dass drinnen im Wohnzimmer das Licht brannte und gleichzeitig durchfuhr es mich: Ich hätte meinen Bruder aus dem Kindergarten abholen sollen, aber ich hatte es vollkommen vergessen. Mein Magen krampfte sich zusammen, ich konnte das plötzlich hervorbrechende Schluchzen nur unter Mühen zurückhalten, und das auch nur, weil die Neugierde, was denn da drin vor sich ging, stärker war als das schlechte Gewissen. Ich huschte vorsichtig durch das Gartentor und schlich mich unter das Fenster. Ich hörte, wie drinnen gelacht wurde. Ich zog mich am Fenstersims hoch, damit ich hineinsehen konnte. Mein Vater saß auf dem Sofa, auf seinen Knien zappelte mein Bruder, jauchzte laut unter den kitzelnden Händen meines Vaters. Ich ließ mich wieder unter das Fenster gleiten und ging langsam auf den Eingang zu. Die Tür war offen, ich hielt mich nicht damit auf, mir die Schuhe auszuziehen, ich spazierte direkt zu ihnen hinein. Als sie mich sahen, hörten sie auf herumzualbern, mein Vater rief, wo warst du so lange, und lachte los, wir warten schon seit zwei Stunden auf dich, wir müssen uns beeilen, es fängt gleich an. Was fängt an, fragte ich. Ich verstand kein Wort. Wir gehen in den Zirkus, sagte mein Bruder aufgeregt und sprang vom Schoß meines Vaters, rannte an mir vorbei in den Flur, um sich schnell anzuziehen. Ich rührte mich nicht, ich beobachtete meinen Vater, man sah ihm an, dass er getrunken hatte, aber er war noch nicht vollkommen betrunken. Wer hat den Kleinen aus dem Kindergarten geholt, fragte ich vorwurfsvoll und mit einem gewissen Misstrauen in der Stimme. Ich, antwortete mein Vater, heute habe ich ihn ausnahmsweise abgeholt, wieso, ist das vielleicht verboten? Das nicht, sagte ich gedämpft, weiß Mutter davon? Muss sie alles wissen, brauste mein Vater auf, habe ich vielleicht kein Recht, mich mit meinen Kindern zu beschäftigen, sagte er, gar nicht mehr an mich gerichtet, nur so vor sich hin, während er sich mit unsicheren Bewegungen vom Sofa hochhievte. Darauf antwortete ich nichts, ich ging zu meinem Bruder in den Flur, er mühte sich gerade mit seinem Mantel ab, schaffte es nicht, mit der linken Hand den Ärmel zu treffen. Ich nahm sein Handgelenk und drückte seine Hand mit etwas mehr Gewalt in die Ärmelöffnung, als es notwendig gewesen wäre. Das erschreckte ihn, er sah mich mit einem unerklärlichen Schuldbewusstsein an, wie einer, der fragen möchte, was er falsch gemacht hatte, aber dann fragte er natürlich lieber doch nicht. Inzwischen war auch mein Vater dazugekommen, bückte sich, trat etwas schwankend in seine Schnürstiefel, band sie zu, richtete sich wieder auf und legte mir eine Hand auf die Schulter, so, sagte er, ich hab heute gesehen, dass wir einen Wanderzirkus in der Stadt haben, das macht Spaß, glaub mir. Ich sah nicht zu ihm hoch, es reichte mir, dass ich spürte, er hatte mir die Hand nicht nur auf die Schulter gelegt, um mich zu beruhigen, sondern auch, um sich für einen Moment an etwas festhalten zu können. Als wir auf die Straße hinaustraten, merkte ich, dass ich noch immer den Ranzen auf dem Rücken hatte, also schlüpfte ich in die Wohnung zurück und stellte ihn neben den Esstisch. Einen Moment lang konnte ich mich nicht entscheiden, was ich machen sollte, schließlich öffnete ich meine Schultasche, holte meine Federmappe und ein Heft hervor, riss eine Seite heraus und schrieb mit hastigen Großbuchstaben: SIND MIT VATER IM ZIRKUS. Ich hinterließ die Nachricht auf dem Esstisch.

So gingen wir die Straße entlang: mein Vater leicht schwankend und ununterbrochen wiederholend, es wird Spaß machen, glaubt mir, es wird Spaß machen; mein Bruder sich an meiner Hand festhaltend, hüpfend und andauernd Sachen fragend wie, ob es einen Tiger, ob es einen Starken Mann, ob es Clowns geben würde und wie viele Elefanten ins Zelt wohl hineinpassten und ob die Trapezkünstler hinunterfallen könnten; und ich schritt neben den beiden einher, wortlos und ohne besondere Begeisterung.

Aber sobald wir dort waren, fing auch ich an, mich etwas wohler zu fühlen. Auf dem Platz neben dem Bahnhof hatte man ein riesiges, aus roten, gelben und blauen Streifen zusammengenähtes Zelt aufgestellt, an dessen Spitze Fahnen im abendlichen Wind wehten, und neben dem Zelt standen, wie die Wagenburgen auf den Bildern der Geschichtsbücher, die Zirkuswagen in einem regelmäßigen Kreis. Aus den Lautsprechern, die oben auf den Wagen angebracht waren, tönte laute, fröhliche Musik, und um das Zelt spazierten Familien in Sonntagskleidern und rannten wild gewordene Kinderhorden hin und her. Wir stellten uns in die lange Schlange an der Kasse, konnten aber meinen Bruder kaum bändigen, er wollte zu der Gruppe, die sich neben dem Eingang versammelt hatte und wie behext bei etwas zuschaute. Mein Vater nickte und fügte hinzu, dass wir aber nicht aus seinem Sichtfeld verschwinden sollten. Als wir uns durch die Beine der Erwachsenen gedrängelt hatten, sahen wir, was sie so anstarrten. Eine Eisenstange war in die Erde gerammt, mit einer langen Leine, an deren Ende ein Affe aufgeregt auf und ab sprang. Die Zigeunerkinder aus der Straße ärgerten ihn mit Puffmais, den sie aus ihren Taschen hervorkramten. Die Mutigeren trauten sich ganz nah heran, drückten ihm den Puffmais direkt in die Hand, das Tier schob ihn sich mit einer schnellen Bewegung ins Maul und schluckte ihn von seltsamen Grimassen begleitet sofort hinunter. Die Leute lachten, dass sie fast platzten, und der Affe fraß und fraß, wie besessen verschlang er die Puffmaiswürmchen, ich verstand gar nicht, wie er diesen ekelerregenden Fraß in so einem Tempo verdrücken konnte. Mir wurde schlecht von dem Anblick, und nach einer Weile zerrte ich meinen Bruder auch weg da. Er machte ein bisschen Theater, denn ihm gefiel die Szene ausgesprochen gut. Dann erblickte er ein Kamel und bekam wieder bessere Laune. Um das Kamel herum standen nicht so viele, weil es nichts machte, es stand nur da, als wäre ihm alles egal, und kaute mit mahlenden Bewegungen seines Kiefers an irgendetwas herum, das heißt, es hätte gerne etwas gekaut, denn, soweit ich sehen konnte, war sein Maul leer. Seine Augen hielt es dabei fast die ganze Zeit geschlossen. Meinst du, es schläft, fragte mein Bruder. Ich kann's mir nicht vorstellen, sagte ich, trat an das Tier heran und stieß es in die Seite. Nichts geschah. Ich stieß es noch einmal, diesmal bestimmter als zuvor, woraufhin es, wenn auch sehr langsam, schließlich doch ein Lid hob und mich direkt ansah. Es hatte einen riesigen, dunklen Augapfel, und der sah so aus, als gäbe es darin gar nichts Weißes, ich sah auch keine Pupille, sie verschmolz vollständig mit der tiefbraunen Umgebung der Iris, dennoch spürte ich, dass es mir direkt ins Auge blickte. Es hörte sogar mit dem Kauen auf, so dass wir nun beide für einen Moment regungslos dastanden, einander beobachtend, dann legte ich eine Hand auf seinen Oberschenkel, woraufhin es wieder zu kauen anfing und die Augen wieder schloss. In diesem Moment tauchte mein Vater hinter uns auf. Na, kommt, sagte er, nahm meinen Bruder bei der Hand und gab mir eine Kopfnuss, kommt, es fängt gleich an.

Die Manege war noch dunkel, aber fast alle Zuschauer saßen schon auf ihren Plätzen. Auch wir suchten unsere Bankreihe und nahmen die Plätze am äußersten Rand ein. Drinnen war es warm, ich zog meinen Mantel aus und half meinem Bruder, der Schwierigkeiten beim Herausziehen seiner Hand hatte, und diesmal zerrte ich nicht an ihm, sondern zog ihm den Mantel sanft aus, was er mit einem Blick und einem dankbaren Lächeln quittierte. Meinem Vater jedoch sah ich an, dass er nervös hin und her rutschte, sich am Kopf kratzte, und dann flüsterte er mir ins Ohr, wir sollten nur ruhig hierbleiben, er komme bald wieder. Ich wusste, wohin er ging, aber meinem Bruder log ich vor, er müsse nur aufs Klo. Dann wurde es dunkel im Zelt, die kleineren Kinder fingen zu kreischen an, die größeren zu johlen. Wir beide saßen einfach nur da im Dunkeln, mein Bruder und ich, dann tastete mein Bruder nach meiner Hand, aber ich zog sie weg, ich konnte sie ihm einfach nicht hinstrecken. Das typische Zirkustschindarassassa ertönte, ein Lichtkreis erschien im Sand der Manege und aus dem mit einem Samtvorhang verhüllten Eingang strömten plötzlich laut johlend drei Clowns hervor. Mein Bruder vergaß sofort, dass wir allein waren und dass er soeben noch nach meiner Hand gesucht hatte, er streckte sich hoch, und später, als die Clowns einen Trick vorführten, sprang er sogar auf. Ich rief ihm zu, er solle sich wieder hinsetzen, sonst sähen die Leute hinter uns nichts, aber als ich mich umdrehte, sah ich, dass dort auch schon alle standen, also ließ ich ihn in Frieden.

Ich fand das Ganze nicht besonders interessant. Die Clowns waren abgerissen und gaben zum Verzweifeln witzlose Scherze von sich. Die Pudel des Hundedompteurs kratzten sich die ganze Zeit, als hätten sie Flöhe, und der Starke Mann stellte sich so ungeschickt dabei an, zu markieren, wie schwer es ihm fiel, die offensichtlich federleichten Gewichte hochzuheben, dass darüber nicht nur ich, sondern auch andere im Hintergrund laut lachen mussten. Die Einzigen, die mir gefielen, waren die Hochseilartisten, wie sie ohne Netz und Sicherung auf dem Seil zwischen den Pfosten des Zelts auf und ab spazierten und mit federleichten Salti von einem Trapez zum nächsten sprangen. Im Zelt herrschte vollkommene Stille, kein Mucks war zu hören, auch keine Musik. Da kam mein Vater wieder. Unter wohl leise gedachten, aber in Wirklichkeit recht lauten Entschuldigungen setzte er sich wieder neben uns. Er war vollkommen betrunken, ich spürte es an seinem Atem. Ich versuchte, keine Notiz von ihm zu nehmen und weiter den Trapezkünstlern zuzuschauen, aber er ließ mich nicht in Frieden, zwickte mich in die Seite und beugte sich grinsend zu mir. Ist doch gut, oder, ist das nicht gut, sagte er, und dann langte er über mich hinweg und streichelte den Kopf meines

Bruders, freust du dich, dass ich dich hergebracht habe, du freust dich doch, oder, fragte er, aber mein Bruder antwortete nicht und die hinter uns Sitzenden fingen zu zischen an, er möge leise sein. Ist ja schon gut, fickt euch, sagte mein Vater nach hinten, darf man sich denn nicht einmal mehr mit seinen Kindern amüsieren? Halt end- lich 's Maul, hörte ich eine Männerstimme, worauf mein Vater mit einem kraftlosen Fickdeinemutter antwortete, sich wieder nach vorne wandte und unter seltsamen Schnaufgeräuschen ebenfalls den Luftartisten zusah. Die waren gerade bei der letzten Nummer angekommen, auf dem einen Trapez schaukelte jemand, der wie ein kleines Mädchen aussah, während unten ein kleinerer Mann auf den Schultern eines größeren saß, beide schauten zum Mädchen hoch, das auf einmal das Trapez losließ, sich in der Luft drehte und genau auf den Schultern des klei- neren Mannes landete, so dass jetzt schon zwei auf dem größeren Mann saßen, dem das scheinbar überhaupt nichts ausmachte, er breitete die Arme aus und drehte sich. Sie bekamen riesigen Applaus, mein Vater schlug sich auf die Knie und schrie, das war riesig, ihr seid klasse, und dann grinste er mich an, aber als er sah, dass ich nicht klatschte, zuckte er nervös mit den Achseln und grummelte vor sich hin, dem ist nichts gut genug.

Vor der nächsten Nummer brachten sie einen riesi- gen Tisch in die Manege, auf den sie eine große, bunte Kiste legten, an dem einen Ende mit einem größeren, am anderen mit zwei kleineren Löchern, und in der Mitte war ein Spalt. Dann wurde es hell im Zuschauerraum, und in der Manege erschien ein schwarz gekleideter

Kerl mit nach hinten geklatschten Haaren und fragte die Zuschauer, ob vielleicht jemand bei seiner Vorstellung mitmachen wolle. Keiner antwortete, nervöses Lachen lief durch die Bankreihen. Wirklich, sagte der Kerl, ich bräuchte einen erwachsenen Freiwilligen. In der Zwischenzeit war hinter dem Kerl auch eine blonde Frau erschienen, die so aussah, als hätte sie sich aus Versehen einen roten Badeanzug über ihre Strumpfhosen gezogen, sie trug eine riesige Säge, die sie rundherum dem Publikum zeigte. Jetzt seien Sie doch nicht so ängstlich, es wird alles in Ordnung gehen, sagte der Kerl in Schwarz und johlte. Ist gut, sagte mein Vater, schaut euch das mal an, und dann rief er dem Kerl zu, ich mache es, und schon stolperte er nach unten. Ich bekam einen Riesenschreck, während die Leute um uns herum sich vor Lachen die Bäuche hielten. Jetzt endlich ergriff ich die Hand meines Bruders und drückte sie sanft. Ich spürte, auch er hatte Angst. Mein Vater schaffte es kaum, über das Geländer der Manege zu steigen, ich dachte schon, er fällt gleich auf den Bauch, aber es gelang ihm irgendwie, auf den Füßen zu bleiben, und er hob triumphierend beide Arme gen Himmel wie ein Boxchampion, worauf das Publikum laut klatschte und lachte. Der Mann in Schwarz sah sicher sofort, dass er es mit einem Betrunkenen zu tun hatte, er schnitt höhnische Grimassen und fing an, Witze über meinen Vater zu reißen. Da haben wir also unseren mutigen Freiwilligen, sagte er, dabei habe ich noch gar nicht gesagt, was er machen muss. Ich bin zu allem bereit, sagte mein Vater grinsend, das sehe ich, sagte der Kerl, und das Publikum reagierte erneut mit Heiterkeit. Also gut, legen Sie sich schön in die Kiste, meine Kollegin hilft Ihnen dabei. Mein Vater hatte seine Schwierigkeiten, auf den Tisch zu steigen, die Frau im Badeanzug richtete feixend seine Beine und seinen Kopf aus, schloss den Deckel der Kiste über ihm und brachte sogar noch ein Vorhängeschloss an.

In dem riesigen Stimmengewirr, das das Zelt erfüllte, waren mein Bruder und ich vielleicht die Einzigen, die der Szene stumm folgten. Ich bedauerte meinen Vater und hasste ihn zugleich, und obwohl ich wusste, dass wir gehen sollten, konnte ich mich nicht rühren. Der Kerl in Schwarz nahm die riesige Säge in die Hand, ließ sie über seinem Kopf kreisen, woraufhin die Schreckhaften im Publikum schon zu kreischen anfingen. Ich sah mir das Gesicht meines Vaters an, er schien glücklich zu sein, er grinste, und als unsere Blicke sich trafen, zwinkerte er mir zu. Der Kerl in Schwarz steckte die Säge in den Spalt in der Mitte der Kiste und sagte mit sehr ernstem Gesicht, wer kein Blut sehen könne, solle sich jetzt abwenden.

In diesem Moment drückte jemand meinen Arm, und als ich mich umwandte, sah ich meinen Großvater, ich dachte, ich bildete es mir nur ein, wie war er hierhergekommen, was machte er hier? Opa, sagte ich zu ihm, nur so viel, zu mehr war ich nicht in der Lage, und er flüsterte mir ins Ohr, alles kommt in Ordnung, er würde uns jetzt zu sich nach Hause nehmen. Meinen Bruder setzte er sich auf den einen Arm, mich auf den anderen, so trug er uns dem Ausgang zu. Der Kerl in Schwarz fing da gerade an, meinen Vater zu zersägen, der, eingeschlossen in die Kiste, tobend seinen Kopf schüttelte und schäumend, tierische Laute von sich gebend brüllte, und die Zuschauer johlten und kreischten immer mehr, weil sie dachten, er spielte einfach nur so gut, dass es ihm wehtat.

Auf der Lichtung

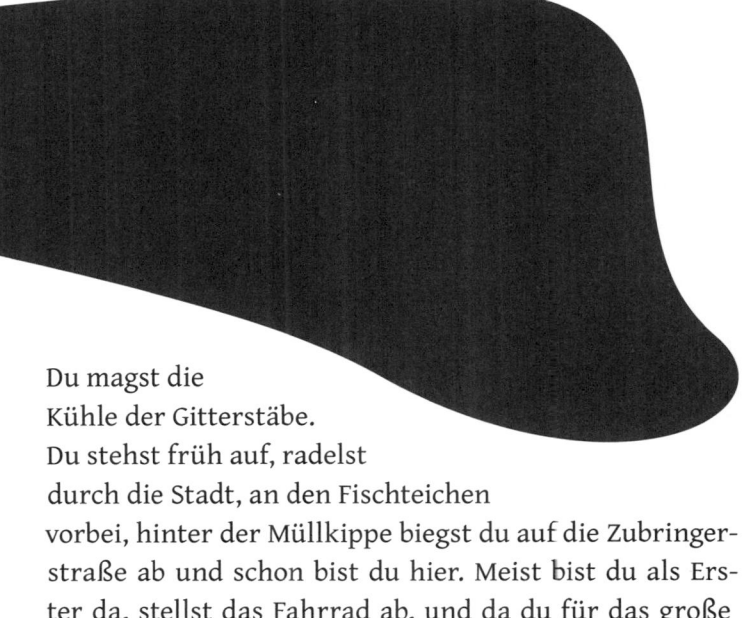

Du magst die
Kühle der Gitterstäbe.
Du stehst früh auf, radelst
durch die Stadt, an den Fischteichen
vorbei, hinter der Müllkippe biegst du auf die Zubringer-
straße ab und schon bist du hier. Meist bist du als Erster da, stellst das Fahrrad ab, und da du für das große
Tor keinen Schlüssel hast, betrittst du das Gelände von
hinten, durch die kleine Tür. Der Tau auf dem Gras
durchnässt deine Schuhe, aber das macht dir nichts. Die
Hunde spüren schon, dass du da bist, sie bellen, jaulen,
winseln. Nicht vor Hunger, am Abend zuvor hast du sie
ordentlich gefüttert, sie machen es, weil sie sich freuen.
Du bleibst am Anfang des schmalen Gangs stehen, der
zwischen den Zwingern entlangführt, und rufst sie eine

Weile lang nur beim Namen, einen nach dem anderen, na, was ist, Csuli, Mogyoró, Bobek, Saca, und sie trippeln am Eingang zu ihrem Verschlag auf der Stelle. Dann spazierst du langsam zwischen den Zwingern durch, legst die Hände an die kühlen Eisenstäbe, ziehst sie entlang und spürst, wie sie mit ihren feuchten Nasen gegen deine Handfläche stupsen. Du hast deine Lieblinge, natürlich, aber jetzt bleibst du nicht extra vor ihnen stehen, du willst sie nicht verwöhnen, und du willst auch nicht, dass die anderen Hunde eifersüchtig werden.

Du hast nicht das Gefühl, dass man ungerecht mit dir umgegangen ist, sie mussten dich wirklich durchfallen lassen, du findest bloß, dass die ganze Sache lächerlich ist. Wen zur Hölle interessiert's, wer am 31. Oktober 1918 ermordet worden ist, »Ich helfe Ihnen ... in der Róheim Villa«, und warum? Es lässt dich auch absolut kalt, welches Gebiet laut Vix-Note geräumt werden sollte, das hast du ihnen auch gesagt, sie wussten gar nicht, wie ihnen geschieht, »Junger Mann, das Gebiet, wo Sie wohnen, wäre daruntergefallen«. Na und, fragtest du, woraufhin sie dich aus dem Zimmer schickten. Du dachtest, die anderen würden lachen, aber sie starrten nur eingefroren vor sich hin, und die größten Streber schrieben selbst dann noch angestrengt vor sich hin, als der Vorsitzende der Abiturkommission mit rotem Kopf brüllte, gehen Sie mir aus den Augen. Du bist aus dem Zimmer gegangen, draußen war Totenstille, deine blöden Klassenkameraden standen dort und trauten sich keinen Mucks von sich zu geben, du bist zwischen ihnen hindurchspaziert, und noch bevor du das

Gebäude verlassen hast, hast du dir eine Zigarette angezündet.

Dein Onkel wollte seinen Ohren nicht trauen, du sahst, wie seine Hand vor Nervosität zitterte, der Siegelring mit dem roten Stein schwankte hin und her. Was bildest du dir eigentlich ein, was soll dieser Scheiß, fragte er schließlich, er brüllte nicht, aber man konnte sehen, dass er fast explodierte. Nichts, sagtest du, das Ganze interessiert mich einfach nicht die Bohne. Und die Aufnahmeprüfung, interessiert die dich auch nicht, fragte dein Onkel keuchend, interessiert es dich nicht, ob was aus dir wird? Du hättest ihm gerne geantwortet, aber du konntest nicht, wenn er nervös ist, sieht er nämlich haargenau wie dein Vater aus, soweit du dich an ihn erinnern kannst. Beide schauten mit runden Augen und mit bis zur Stirnmitte hochgezogenen Brauen drein, während der Rest ihres Gesichts unbewegt blieb, sie fletschten weder die Zähne noch blinzelten sie. Manchmal träumst du von ihnen, und im Traum fällt es immer schwerer, sie voneinander zu unterscheiden. Onkel, tratst du neulich an ihn heran, geben Sie mir meine Mundharmonika zurück, ich verspreche, ich benehme mich anständig, sagtest du, worauf er laut zu johlen anfing, was bildest du dir ein, du Rotzlöffel, du erkennst mich wohl nicht? Früher konntest du nach so etwas unmöglich wieder einschlafen, heute schreckst du nicht einmal mehr auf, man kann sich an alles gewöhnen, scheinbar.

Im Übrigen hattest du Bauingenieur lernen wollen, dein Onkel hatte gewollt, dass du Architekt wirst, doch diesen Kompromiss war er noch bereit zu akzeptieren.

Aber wie du dich in letzter Zeit benommen hast, das konnte er nicht mehr ertragen, du bist doch kein dummer Junge, sagte er immer wieder, du müsstest dich nur zusammenreißen. Wozu, fragtest du dann immer, aber darauf gab es keine Antwort mehr. Nachdem du im Abitur durchgefallen warst, dachte sich dein Onkel, dass er dir eine Lektion erteilt. Mit irgendeiner Strafe hattest du gerechnet, aber mit so einer einfallsreichen Demütigung nicht. Als er zu Hause verkündete, er habe sich mit seinem Bekannten, dem Abdecker, über dich geeinigt, brach deine Tante in Tränen aus, denn das ist ja eine Schande, und du selbst wolltest es auch erst nicht glauben, du grinstest nur. Wie, fragtest du, eine Schinderei, ist das jetzt ernst? Es war ernst. Bis zum Nachabitur wirst du da arbeiten, verkündete dein Onkel, acht Stunden täglich, dann kannst du entscheiden, ob du lernen möchtest oder lieber Malocher werden. Gottverdammter Vix, dachtest du, aber wenn du eh keine Wahl mehr hast, gehst du wenigstens elegant damit um. In Ordnung, wann fange ich an, fragtest du kühl, morgen in aller Frühe kannst du loslegen, sagte dein Onkel, und obwohl dir die Antwort nicht gefiel, konzentriertest du dich darauf, es nicht zu zeigen.

Das Gelände ist klein, aber die Stadt braucht kein größeres. Dein Chef hält die Dinge ganz gut in Schuss, und mit den Hunden geht er auch gut um, soweit das möglich ist. Dir gegenüber war er erst skeptisch, bestimmt hat er das eine oder andere über dich gehört, dein Onkel hat ihn in Kenntnis gesetzt, aber im Laufe der Wochen wurde er ganz umgänglich. Er biedert sich nicht an, aber er piesackt dich auch nicht ohne Grund, auf der Einhaltung der Regeln besteht er allerdings steif und fest. In letzter Zeit fragt er dich sogar nach deiner Meinung, wenn ein neuer Hund reinkommt, und das ist ein gutes Zeichen. Der sieht verschlagen aus, oder, fragte er neulich, als er ein armes, zerzaustes Kuvasz-artiges Etwas eingefangen hatte. Bestimmt ein Hund von einem Einödhof, die sind oft so verwildert. Alle vier Läufe waren voller Wunden und auf dem Rücken fehlte ein großes Stück vom Fell, aber er schien nicht unrettbar zu sein. Ja, ein bisschen verschlagen ist er, sagtest du, aber vielleicht ist er nur misstrauisch, wahrscheinlich ist man nicht gut mit ihm umgegangen. Mit keinem, der hierherkommt, ist man gut umgegangen, sagte der Chef und ging nach hinten, um den Einfangwagen sauber zu machen.

Alles in allem kommt es dir nicht unerträglich vor, du wachst um fünf Uhr auf, eine halbe Stunde später hast du dich fertig gemacht, setzt dich aufs Rad und fährst zum Gelände hinaus. Das dauert auch nicht länger als eine halbe Stunde, wenn du wegen irgendwas anhältst oder dich ausgiebig umschaust, maximal fünfundvierzig Minuten. Du magst diese frühmorgendlichen Fahrten mit dem Rad, es ist noch keiner auf den Straßen, das Licht fällt anders, die Sonne bescheint alles aus einem anderen Winkel, als hätte alles noch eine Chance, als könnte sich noch jede unerwartete Änderung im Laufe des Tages einstellen, obwohl du weißt, dass das nicht passieren wird. Wenn du so vor dich hinfährst, hat alles seinen Platz, es gibt nichts, dass dich verwirrt, manchmal schließt du sogar die Augen, auf den geraden Strecken am Stadtrand lässt du den Lenker los und streckst dich im Sitz. Es dauert nicht lange, aber diese wenigen Momente sind der Höhepunkt des Tages, die äußeren Geräusche berühren die innere Stille und du musst an nichts denken. Nicht an den Balaton, zu dem du diesen Sommer nicht mehr fahren wirst, obwohl alle deine Freunde dort Party machen, und nicht an die verlassenen Hunde, die es kaum mehr erwarten können, dass du kommst, nicht an den Aasbrunnen und nicht an Vix, dir fällt nicht einmal ein, wie wohl der Moment gewesen sein mag, als der Wagen deines Vaters in den Baum einschlug, ob er überhaupt bei sich war oder ob er sich sturzbesoffen hinters Lenkrad gesetzt hatte, und du denkst auch nicht an deine Mutter, warum es für sie wohl besser war, sich ohne ein Wort mit ihrem Doktor nach Irland abzusetzen, anstatt hier bei euch zu bleiben. Diese geraden Strecken sind kurz, aber du fährst sie immer mutiger mit geschlossenen Augen. Noch ein bisschen weiter, dunkel, noch ein Moment, noch ein paar Meter, hell, du hast die Augen geöffnet.

Nur neben der Müllkippe zu fahren ist nicht gut, auch heute nicht, du hältst dir die Nase zu, fährst mit einer Hand am Lenker eiernd über den Feldweg. Du schaust auf die Uhr, es ist kaum sechs vorbei, um diese Zeit ist noch keiner da, der Chef kommt erst gegen sieben, und Interessenten, wenn überhaupt, irgendwann nach zehn. Jetzt steht dennoch ein Auto vor dem Eingang, ein dunkelblauer Citroën, sieht ganz neu aus, die Scheiben sind verdunkelt, du siehst nicht, wie viele drin sitzen, aber irgendeine Bewegung ist da. Du lehnst das Fahrrad gegen den Drahtzaun und bleibst vor dem Auto stehen, kann ich helfen, fragst du, doch es passiert nichts, also breitest du die Arme aus und rufst nunmehr laut, was ist, wollen Sie etwas oder nicht? Die Fahrertür geht auf, ein älterer Typ steigt aus, gut gekleidet, aber ein bisschen untersetzt, sein Doppelkinn versucht er unter einem kurzen, weißen Vollbart zu verstecken, darunter spannt sich eine Goldkette mit einem kleinen Kreuz. Arbeiten Sie hier, fragt er, und da geht auch die Tür auf der Beifahrerseite auf, ein junges Mädel steigt aus, sie ist stark geschminkt, schwer zu sagen, aber du hast das Gefühl, sie ist nicht viel älter als du selbst. Ja, ich arbeite hier, antwortest du auf die Frage des Kerls und schaust dabei das Mädchen an. Sie ist größer als der Alte und sehr dünn, viel zu dünn, aber gemessen daran hat sie, wie du ziemlich schnell feststellen kannst, recht gute Brüste. Unter dem weißen Top lugt der Träger des schwarzen BHs hervor, eine interessante Kombination, liegt es dir auf der Zunge, da fällt dir ein, dass du selbst in geflickten, zerrissenen Jeans und einem verwaschenen Alice-in-Chains-T-Shirt hier stehst, und eine Woge Scham schwappt über dich hinweg und verursacht etwas Gänsehaut. Wir haben noch nicht geöffnet, sagst du an den Kerl gewandt, Sie müssen mindestens eine Stunde warten, bis Sie sich die Hunde ansehen können. Deswegen sind wir nicht hier, sagt der Alte, dann übernimmt das Mädchen das Reden. Die Sache ist die, dass ein kleiner Unfall passiert ist, sagt sie und beugt sich zurück in den Wagen. Sie hat einen ausgesprochen wohlgeformten Arsch, du schaust ihn dir an, ein wenig neigst du dich vielleicht sogar zur Seite, um ihn besser zu sehen, aber dann spürst du den Blick des Kerls auf dir. Das Mädel hebt unter Mühen einen großen Bastkorb aus dem Auto, also, sagt sie, ich dachte, meine Katze ist sterilisiert, aber es hat sich herausgestellt, dass sie es doch nicht ist, siehst du, sie zeigt dir den Korb. In ein Frottierhandtuch gewickelt, liegen ganz kleine Katzenjungen darin, fünf oder sechs Stück, auf die Schnelle kannst du sie nicht zählen. Süß, nicht, fragt das Mädchen, und sie sind auch wirklich ziemlich hübsch. Doch, sagst du, aber wir beschäftigen uns nicht mit Katzen, bringen Sie sie zum Tierarzt, der wird sie einschläfern. Pass auf, sagt daraufhin der Alte, dafür haben wir keine Zeit, wir müssen nach Pest und unseren Flieger erwischen, also, ich sag's dir, wie es ist, ich wollte sie einfach irgendwo rausschmeißen, aber meine bessere Hälfte hat es nicht zugelassen, und dann haben wir am Wegesrand eure Tafel gesehen und dachten, das ist ein Zeichen, und dann bist du auch noch gekommen, was will man mehr? Aber ich kann wirklich nicht helfen, sagst du, mein Chef wird die Krise kriegen, wenn er hier Katzen vorfindet, ganz zu schweigen von den Hunden, sie wittern sie und werden verrückt.

Dabei fällt dir eure Katze ein, die ihr schon hattet, als du geboren wurdest. Sie war weiß mit dunkelbraunen und getigerten Flecken, du mochtest sie sehr, sie hatte ein freundliches Wesen, an ihren Namen erinnerst du dich allerdings nicht mehr. Deine Mutter hat einmal erzählt, dass es lange Zeit so aussah, dass sie keine Kinder haben konnte, deswegen haben sie sich diese Katze zugelegt, als Ersatz, aber dann wurde sie doch schwanger, und sie haben es nicht übers Herz gebracht, die Katze wieder wegzugeben. Wegen dieser Geschichte empfandest du die Katze beinahe als ein Geschwisterkind, du warst völlig fertig, als sie starb, man musste ihr dir zuliebe ein richtiges kleines Begräbnis im Weingarten veranstalten. Vili, jetzt fällt es dir doch noch ein, wie sie hieß, Vilike, so hieß sie wirklich.

Der Kerl tritt näher an dich heran, macht einen auf vertraulich und sagt, wir wollen es natürlich nicht umsonst, ihr seid ja schließlich geübt in so was. Was mich anbelangt, nicht, sagst du scharf, aber der Kerl wühlt bereits in seiner Brieftasche. Hier hast du einen Zehntausender, der dürfte reichen, oder, fragt er und hält dir das Geld hin. Du bekommst fünfhundert Forint in der Stunde von der Gemeindeverwaltung, und das sieht dir der Alte auch sofort am Gesicht an. Wie du gegen deinen Willen zur Banknote schaust. Ich weiß nicht, sagst du, aber du spürst, dass es sehr schwer ist, das Geld zurückzuweisen, das ist eine ziemlich heikle Sache, fügst du hinzu. Verstehe, sagt der Alte und senkt seinen dicken Zeigefinger wieder ins Portemonnaie, wie wär's mit fünfzehn?

Du stehst vor dem großen Tor und schaust dem davonfahrenden Auto hinterher, wie es den Staub aufwirbelt, drinnen röcheln und jaulen die Hunde immer nervöser, und im Korb, den du jetzt in der Hand hältst, fangen die Katzenjungen an sich zu bewegen und leise klagend zu miauen. Das hast du versaut, das weißt du, aber die fünfzehntausend Eier kannst du gut gebrauchen, auch wenn du deswegen später Schwierigkeiten bekommen solltest. Du klemmst den Korb auf dem Gepäckträger fest und schiebst das Rad vorsichtig nach hinten, zum kleinen Tor. Als du das rostige Tor öffnest, spielen die Hunde immer mehr verrückt, wie gut eure innere

Uhr doch geht, denkst du, bestimmt sind sie deswegen so aufgeregt, weil du dich ein wenig verspätet hast. Du stellst den Korb hinten ab, auf der wackligen Werkbank vor dem Werkzeugschuppen, und gehst wieder zwischen den Zwingern hindurch, aber diesmal empfangen die Hunde deine Handfläche mit unfreundlicherem Knurren und Bellen. Bestimmt spüren sie den Geruch der kleinen Katzen darauf. Du spazierst zum Korb zurück, dort steht er nicht gut, wenn sie sich viel bewegen, kann er herunterfallen, die Sonne wird auch bald darauf scheinen, und überhaupt musst du sie verstecken. Für den Werkzeugschuppen hast du keinen Schlüssel, aber für den daneben, in dem das Futter aufbewahrt wird, also öffnest du den, und obwohl es ein enger und luftloser Raum ist, beschließt du, die Jungen dort zu verstecken, aber erst misst du die morgendlichen Portionen für die Hunde ab. Nicht alle brauchen gleich viel, die großen bekommen mehr, die Stöpsel weniger, aber ihr macht es nur so nach Gefühl, das System ist nicht besonders präzise. Morgens bekommen sie nur Trockenfutter, du füllst zwei Eimer aus einem Sack ab, wirfst den Maurerlöffel, den ihr als Messbecher benutzt, in den einen, dann bindest du den Sack wieder zu, stellst den Korb mit den Katzen drauf, richtest ihn, damit er nicht runterfällt, und schließt die Tür hinter dir. Die Hunde sind jetzt ganz still geworden, sämtliche Augenpaare sind auf die Eimer gerichtet.

Alles o. k., fragt der Chef, während er das große Tor öffnet, hinter ihm steht mit laufendem Motor der alte Škoda Pick-up, den er fürs Einfangen benutzt. Er stellt ihn nie aus, während er das Tor aufmacht, er sagt, man weiß nie, wann er den Geist aufgibt, es ist besser, man lässt ihn laufen. Du mühst dich mit dem Schloss eines leeren Käfigs ab, schaust ihn nicht an, als du ihm antwortest, mhm, alles o.k. Mit solchen Scheinarbeiten vergeht der Großteil deiner Tage, du baust ein kaputtes Schloss aus, ölst quietschende Scharniere, fegst den betonierten Vorplatz, gibst den Hunden zu essen, die Zeit schleppt sich dahin. War jemand hier, fragt er, du zögerst, als würde dich das Feilen so sehr fesseln, aber irgendwas musst du sagen, das weißt du, nein, bringst du schließlich hervor und dann fragst du befangen, wieso. Mir ist, als hätte ich Radabdrücke im Staub gesehen, sagt der Chef, aber egal, vielleicht bin ich auch einfach zu verkatert. Er öffnet den Werkzeugschuppen, du schaust über deine Schulter nach hinten, verfolgst jede seiner Bewegungen, er kommt wieder heraus, bringt einen Stuhl und eine Metallkiste heraus, stellt sie auf die Werkbank. Dann geht er in den Schuppen zurück und telefoniert. Eigentlich ist der Werkzeugschuppen sein Büro, deswegen darfst du keinen Schlüssel dafür haben, und auch die Gifte, die Medizin und das Gewehr sind dort eingeschlossen. Das Gewehr hast du bis jetzt nur einmal gesehen, als er dir gezeigt hat, dass es eins gibt, du solltest dir merken, dass du es nicht anfassen darfst. Sein Vorgänger habe ständig herumgeballert, deswegen hat er auch seinen Spitznamen bekommen, eigentlich hieß er Ferenc, aber alle nannten ihn Öcsi Puskás, weil Puskás Schütze bedeutet. Und dann hat ihm der Bauchspeicheldrüsenkrebs innerhalb von sechs Monaten den Garaus gemacht. Komm mal her, ruft der Chef aus dem Schuppen heraus, behält aber das Telefon am Ohr, gib doch von den Weißen da jedem eine, sagt er und zeigt auf den Metallkasten. Du öffnest den Kasten, es sind eine Menge Pillen in verschiedenen Größen und Farben drin, die weiße ist die kleinste, was ist das, fragst du, Wurmmittel, sagt er, du würdest ihn gerne auch über die anderen Pillen ausfragen, aber er hat keine Zeit, er versucht gerade am Telefon eine Bestellung in die Wege zu leiten, blättert dabei in einem vollgekritzelten Heft. Du zählst auf einem Tellerchen die benötigte Anzahl Tabletten ab und schließt den Deckel des Kastens, fertig, sagst du. Gut, lass sie liegen, sagt der Chef, legt auf und kommt heraus, schaut sich die Medikamente an, als würde er rasch durchzählen, ob du genau so viel herausgelegt hast, wie es braucht, er nickt und geht los Richtung Futterschuppen.

Verdammte Hacke, brummst du vor dich hin, man müsste irgendwie einschreiten, ich hab sie schon gefüttert, rufst du ihm hinterher. Ja, ich hab's gesehen, sagt er, aber er schaut sich nicht einmal um, ich brauche die Leckerlis fürs Wurmmittel, fügt er hinzu, während er schon am Schloss herumfuhrwerkt. Du schaust mit zusammengekniffenen Augen zu, wie er eintritt, aber es passiert nichts, du würdest dir gerne eine anzünden, aber du traust dich nicht. Es vergehen Minuten, könnte es sein, dass er sie nicht gesehen hat, unmöglich, rattert es in deinem Kopf, was macht er da, du würdest gerne nachschauen, aber du kannst dich nicht rühren. Auf einmal kommt er mit einem kleineren Sack in der Hand heraus, schaut dich nicht an, geht zur Werkbank und fragt nur, ob du helfen würdest. Ihr steht einander an beiden Seiten des kippelnden Tischchens gegenüber und stopft wortlos die Tabletten in die Leckerlis hinein. Dir zittern die Hände, deine Stirn ist voller Schweiß, von Zeit zu Zeit spürst du das Gewicht eines herunterrollenden Schweißtropfens. Du beobachtest den sehnigen Unterarm des Chefs, wie sich immer wieder die Muskeln darin anspannen, er arbeitet präzise. Ein zäher Bursche, ein Hänfling, aber er hat Kraft, dennoch, in jeder seiner Bewegungen, in jeder Regung seines Gesichts meinst du die Zeichen eines verpfuschten, aber mit Geduld ertragenen, muffigen kleinen Lebens zu entdecken. Du weißt nicht viel von ihm, dein Onkel hat das eine oder andere erwähnt, Rauswurf, Scheidung, Kindesunterhalt, das übliche Zeug, alltägliche Dramen ohne besondere Pointe. Nachdem er die letzte Tablette in ein Häppchen hineingestopft und den Sack wieder zugebunden hat, stützt er sich mit der Handfläche auf den Tisch und zieht geräuschvoll die Nase hoch. Also, sagst du jetzt was oder nicht, fragt er. Dir ist ein wenig schwindlig, aber du hältst dich am Rand des Tisches fest, was ihn ein wenig zum Wackeln bringt. Gut, presst du schließlich hervor, so ein älterer Typ war hier mit seiner Tussi, sagst du, die haben mir die Katzen aufgeschwatzt. Und du hast sie einfach so angenommen, fragt er, nein, sagst du, aber er hat mich überzeugt. Mit wie viel, fragt er knapp, und du spürst, dass er dich auch diesmal mit seinem undeutbaren, wässrigen Blick fixiert, dir ansehen will, ob du lügst. Er hat mir fünftausend gegeben, sagst du und schaust ihm die ganze Zeit in die Augen, während du blind in deine Tasche greifst und zitternd, dass es die falsche sein könnte, eine Banknote hervorziehst und sie ihm zeigst. Du hältst wirklich den Fünfer in der Hand, siehst, wie die Banknote in deiner zitternden Hand Wellen schlägt. Wenigstens hast du etwas Verstand, sagt er, und dann steht ihr beide eine Weile stumm da. Du spürst, dass das T-Shirt auf deinem Rücken klatschnass ist, in deinen Ohren dröhnt es, und aus dem Hintergrund hört man das laute Hecheln der von der Hitze ausgezehrten Hunde. Pass auf, sagt der Chef schließlich, steck das Geld weg, ich bin nicht sauer, es ist schon ein bisschen scheiße, dass du gelogen hast, aber egal, die Sache zu Ende bringen musst aber du. Welche Sache, fragst du, die Katzen, sagt er, hier können sie nicht bleiben, das weißt du. Du nickst, aber unsicher, anstatt dir irgendetwas auszudenken, versuchst du herauszufinden, was er wohl will. Du hast das Gefühl, ein fürchterlicher Idiot zu sein, und ahnst, dass auch er etwas Ähnliches über dich denkt, dennoch fährt er mit einer irgendwie verständnisvollen Stimme fort, wie einer, der schon unzählige Male in so einer peinlichen Situation war. Wenn du meine Meinung wissen willst, steck sie in einen Sack, nimm eine Schaufel und, den Rest spricht er nicht aus, er zeigt es nur, beschreibt mit seinem Arm einen großen Kreis. Verstehst du, fragt er, mhm, du nickst, und dann, sagt er, nimm sie mit raus zum Aasbrunnen, damit sie uns hier nicht stinken.

Keuchend radelst du in der Hitze des frühen Nachmittags, entfernst dich immer weiter vom Gelände der Abdeckerei, gleich hast du es zum betonierten Weg geschafft, von da an wird's leichter. Im Moment musst du noch sehr darauf achten, die Balance zu halten, der blöde Sack auf dem Gepäckträger rutscht hin und her, dabei ist er nicht schwer, aber die Katzen in ihm bewegen sich. Du hast es nicht fertiggebracht, sie plattzumachen. Du hast sie alle in einen groben Leinensack gesteckt, schon davon hast du dich fast übergeben, dann hast du das winselnde Paket mit hinter die Kammer genommen, dir eine Schaufel gegriffen, und dann hast du angefangen, laut auf die Erde einzuschlagen. Der Chef stopfte den Hunden gerade die Leckerlis ins Maul, kümmerte sich nicht weiter um dich. Fertig, sagtest du außer Atem und warfst dir den Sack über die Schulter, in der Hoffnung, dass es so, hinter deinem Rücken, weniger auffällt, dass der Sack sich bewegt. O.k., sagte der Chef und fügte etwas leiser hinzu, pass mit den Lkws auf. Auf diesem Abschnitt des betonierten Wegs gibt es manchmal recht dichten Verkehr, in der Nähe ist eine LPG-Niederlassung, da fahren die Lkws hin, und der Aasbrunnen gehört auch dazu. Jetzt ist gerade Ruhe, keiner fährt auf dem Weg, vielleicht, weil Mittagszeit ist. Du bist allein unterwegs, die Stille wird nur von der laut knackenden Schaltung unterbrochen, man hätte sie schon längst einmal fetten sollen, aber sie ist eh schon so alt und klapprig, dass es schade um die Zeit wäre. Wo die Maisfelder enden, beginnt eine Allee aus alten Pappeln, es tut gut, in ihrem Schatten zu fahren. Langsam erreichst du die gebogene Betonbrücke des Hauptkanals, du stellst dich auf die Pedale, um Kraft für den Anstieg zu haben. In der Mitte der Brücke wirst du langsamer, schaust den Kanal entlang, der Anblick des tiefgrünen, von Entengrütze bedeckten Wassers ist immer beruhigend. Eine

Zeit lang bist du mit deinem Vater häufig hierhergekommen, um zu angeln, manchmal kam sogar deine Mutter mit, obwohl sie meist nur in der Sonne lag, aber dir hat sie wenigstens manchmal erlaubt, ein bisschen zu schwimmen. Dein vorheriges Leben, denkst du, während du auf die zweite Hälfte der Brücke kommst und auf dem abschüssigen Stück schneller werdend hinunterrollst, vorsichtig nach hinten greifst, nicht, dass der Sack bei einem Huckel runterspringt. Für eine kurze Zeit schließt du auch diesmal die Augen, dieses Dahinfliegen in der Dunkelheit tut gut, noch ein bisschen, sagst du dir und hältst den Zipfel des Sacks etwas fester, nur noch ein paar Meter, ein paar Sekunden, dunkel, dann öffnest du die Augen, es ist wieder hell.

Dein Plan ist, das Paket bis um Aasbrunnen zu bringen, im schlimmsten Fall zahlst du jemandem einen Fünftausender, damit er die Jungen statt deiner abmurkst, so musst du sie nicht töten und behältst trotzdem den größeren Teil des Geldes. Und wenn du ein bisschen Glück hast, wirst du die Kätzchen sogar umsonst an jemanden los. Vielleicht nehmen die Zigeuner sie, die treiben sich da immer herum, suchen sich die besten Stücke vom Aas raus, die die LPG rausgeworfen hat, du hast gehört, sie mögen Katzen, weil die die Ratten fangen, die es um ihre Hütten herum gibt. Zum Aasbrunnen gibt es zwei Wege, der betonierte Weg ist länger, aber bequemer, über den Feldweg kommt man aber schneller hin, und du kannst durch den Wald fahren. Früher war das dein Lieblingsplatz am Stadtrand. So weit das Auge reicht, überall Ackergrund, das hier ist der einzige etwas lauschigere

Teil. In der Mitte steht die Ruine der ehemaligen Schule für die Einödhöfe. Als du kleiner warst, hast du dort Eulengewölle gesammelt, während deine Eltern nach Pilzen suchten. Damals war noch hier und da zu erkennen, dass das Gebäude einst eine Schule war, obwohl es natürlich geplündert war, die Fenster eingeschlagen und die Wände mit Obszönitäten beschmiert, und an den Spanplattentüren der Hoftoiletten zeigten einige größere und zahlreiche kleine Löcher an, dass die betrunkenen Jäger mit Schrotflinten auf sie geschossen hatten. Du hast dir immer vorgestellt, dass das hier ein besonderer Ort ist, ein wenig gruselig in seiner Verlassenheit, aber irgendwie auch anziehend mit seinem geheimnisvollen, eigenen Leben. Manchmal hast du nur im Gras gesessen und hast zugeschaut, wie sich die Blätter der Stieleiche, die von innen durch ein ehemaliges Schulfenster nach draußen wuchs, im Wind bewegten.

Du spürst, du musst auch diesmal diesen Weg nehmen, obwohl es unbequemer ist, zwischen harten Schollen und Traktorspuren zu balancieren, und obwohl dir das Bild der Huren in den Sinn kommt, die weiter vorne am betonierten Weg stehen. Ein paar Mal bist du schon an ihnen vorbeigeradelt, sie waren schön, aber müde, oder vielleicht waren sie noch nicht einmal schön, jedenfalls sahst du sonst keine Frauen in so wenig Kleidung, es waren also auf jeden Fall besondere Augenblicke. Diesmal verzichtest du dennoch auf den Anblick der zitternden Hinterteile, der hervorquellenden Brüste und der fleischigen Oberschenkel und biegst auf den steinhart getrockneten landwirtschaftlichen Weg ein.

Das Fahrrad unter dir zittert nervös, der Sack springt auf dem Gepäckträger hin und her, und manchmal hörst du, dass die Katzen darin schmerzliche Laute von sich geben. Du solltest langsamer fahren, aber du bist ungeduldig, du siehst, wie der Feldweg vor dir in den Wald einbiegt, und kannst es kaum mehr erwarten, endlich durch das Dickicht zu rollen. Sogar die Luft riecht hier anders, egal wie groß die Hitze ist, unter dem Laub bleibt immer ein wenig Feuchtigkeit zurück, das angenehme Aroma grüner Fäulnis steigt dir in die Nase. Sobald du unter den Bäumen bist, holst du tief Luft, atmest den Wohlgeruch mit deinen Poren ein. Hier und da flattert ein Vogel durchs Dickicht, der von deinem Kommen hochgeschreckt wurde, aber ansonsten füllt tiefe Stille die Räume zwischen den Ästen aus, eine Stille wie unter einer Daunendecke. Du rollst auf die Lichtung und bremst plötzlich ab. Auf halber Strecke zwischen dir und der Schulruine steht, die Ohren gespitzt, ein Reh im kniehohen Gras und schaut dich starr an. So vorsichtig wie du kannst, steigst du vom Rad und bleibst unbewegt stehen. Selbst durch den dicken Sack hindurch hörst du, wie die Jungen auf dem Gepäckträger schnaufen. Man müsste sie herausholen, sagst du dir, ihnen einzeln über den Rücken streicheln, den Bauch kraulen, etwas sagen. In der Ferne knackt ein Ast, woraufhin das Reh mit plötzlichen Bocksprüngen im Dickicht jenseits der Lichtung verschwindet. Die Sträucher schlagen hinter ihm zu wie schwere Samtvorhänge im Theater. Du schaust ihm mit einer unbestimmten Sehnsucht hinterher, dann schiebst du dein Rad an die Stelle, wo kurz zuvor noch das Reh stand, schnupperst in die Luft, suchst den Duft seines Fells. Du gehst auf das Schulgebäude zu und lehnst das Fahrrad hinter dem Gebäude an, aus Gewohnheit oder aus dem tiefen Instinkt heraus, dass es so sicherer sei. Du hebst vorsichtig den Sack herunter und setzt dich ins hohe Gras, das dich plötzlich wie eine grüne Mauer umgibt. Die Katzen sind ganz gut beisammen, scheinbar wurde keine gequetscht. Du hebst ein gräulich-blaues Junges mit schwarzer Schnauze heraus, kraulst es unter dem Kinn und streichst mit dem Daumen über den zerzausten Flaum auf seinem Kopf, es miaut dankbar. Dann nimmst du ein anderes in den Schoß, es sieht fast genauso aus wie das erste, aber dieses hat einen großen weißen Fleck auf dem Bauch, und auch die beiden Hinterläufe sind weiß. Du wünschtest, du könntest sie behalten, wenigstens eines, aber wie könntest du eines unter ihnen auswählen, und überhaupt, man würde dich zu Hause hochkant rausschmeißen, wenn du mit einer Katze ankämst, von fünf ganz zu schweigen. Bitter setzt du das Junge zwischen die anderen, streichelst sie noch einige Male, und dann, obwohl sie sowieso nicht fliehen können, bindest du sicherheitshalber den Sack wieder zu, lehnst dich wie auf einer Sonnenliege nach hinten und streckst dich bequem auf dem kühlen, grünen Grasteppich aus. Du schaust in den Himmel, oben schwärmen sanft Schleierwolken vorbei. Du schließt die Augen.

Du erwachst, weil du ein dumpfes Ächzen hörst. Erst denkst du, das sind die Katzen, aber nein, die Stimmen kommen von weiter her. Du weißt nicht, wie lange du geschlafen hast, aber die Luft ist bereits kühler und die

Schatten scheinen auch länger geworden zu sein. Vorsichtig stellst du dich auf alle viere, hebst den Blick über die Grashalme und schaust dich um. Du siehst nichts, aber die Stimmen werden lauter, vom jenseitigen Ende des Gebäudes her kommen rhythmische, kurze Schreie über die Lichtung. Du pirschst dich voran, dorthin, wo die Töne herkommen, du schleppst dich durchs Gras, wie du es einst bei den Pfadfindern gelernt hast, die Kleidung an deiner Brust und am Bauch wird feucht. Du bist bei der Mauer angelangt, lehnst dich mit dem Rücken gegen sie und ziehst dich in die Hocke hoch, richtest dich so weit auf, dass du über den Sims des ehemaligen Fensters sehen kannst, und schaust durch das leere Gebäude hindurch. Dir fällt ein, dass dein Fahrrad von der Wand rechts von dir verdeckt wird, es steht sicher, dort gibt es noch nicht einmal eine Fensteröffnung, du wärst also verdeckt, solltest du plötzlich die Flucht ergreifen müssen. Das alte Klassenzimmer liegt voller Ziegelsteinbruch, durch die Öffnung in der linken Wand, aus der man schon längst den Fensterrahmen herausgebrochen hat, erblickst du etwas weiter weg ein Auto. Im Zwergengang gehst du durch das Klassenzimmer, um die Eiche herum, die durch den Boden gebrochen und durchs Fenster gewachsen ist, kniest dich vor die Öffnung in der Wand und spähst vorsichtig zum Auto, aber du duckst dich gleich wieder, damit man dich nicht sieht. Ist das ein Opel Vectra, der da steht, die Marke kennst du gut. Du lugst wieder hinaus, tatsächlich, ein Vectra, und zwar genauso dunkelrot wie der von deinem Onkel. Am Kofferraum siehst du zwei Menschen in merkwürdiger Position stehen, während das Ächzen und die kleinen Schreie immer lauter und häufiger werden, mittlerweile sind auch tiefere Grunzer dabei. Du ziehst dich schnell wieder in die Deckung zurück und keuchst aufgeregt, etwas stimmt nicht. Du schaust dich im verlassenen Zimmer um, als erwartetest du von den maroden Wänden mit ihrem abblätternden Putz Hilfe oder einen Rat, was du tun sollst. Alles schweigt, nur das Ächzen und Röcheln wird immer lauter, kaum zu ertragen, du würdest am liebsten fliehen, aber du musst noch einmal hinausschauen. Die Frau lehnt sich mit dem Oberkörper auf den Kofferraum des ins schattige Eck der Lichtung geparkten Autos. Hinter ihr steht, in einem rot-blau gestreiften Tennishemd und mit bis zu den Knöcheln heruntergelassenen Hosen ein Mann, der dir bekannt vorkommt, er bewegt wütend die Hüfte vor und zurück. Röchelnd, wild fickt er die Frau, von hier aus sieht er fast toll geworden aus, mit seinen behaarten Pranken krallt er sich in die Taille der Frau, als hielte er einen Laib Brot, und von Zeit zu Zeit holt er mit der rechten Hand weit aus und schlägt kräftig auf den vor ihm zitternden rosaroten Hintern. Fick mich nur, fick mich, sagt die Frau, aber mit einer so farblosen, apathischen Stimme, dass du daran denken musst, wenn sie das zu dir sagte, verginge dir die Lust am Leben. Bestimmt ist sie eines von den Mädchen von der Straße, fällt dir ein, und sofort spürst du ihre unendliche Müdigkeit, aber du hast keine Zeit, lange darüber nachzudenken. Ich fick dich in Stücke, du Nutte, hörst du die Stimme des Mannes hervorbrechen, du musst schlucken. Mach nur, mach nur, ächzt die Hure, diesmal mit ein wenig mehr Hingabe. Der Mann schlägt ihr wieder kräftig auf den Hintern, sie geht noch mehr ins Hohlkreuz, das Klatschen erfüllt mit seinem Echo die Lichtung. Neben ihnen im Gras liegt etwas, du erkennst es nicht gleich, aber seine Farben verraten es dann doch, es ist die Decke, die deine Tante im Patchwork-Workshop für dich genäht hat, als du zu ihnen kamst. Du ziehst dich wieder zurück in die Deckung, dir ist übel, aber du spürst, wenn auch voller Scham, dass dich der Anblick nicht kalt lässt, du bekommst einen Steifen. Davon wird dir die ganze Situation und jeder, der teil an ihr hat, willentlich oder nicht, noch mehr verhasst. Als wäre ein heiliger Ort entweiht worden, du schaust dich um, aber vom Gefühl der Geborgenheit, das dich bis vor kurzem noch erfüllt hat, ist nichts geblieben. Du willst fliehen, und dann denkst du daran, dass man doch irgendwie eingreifen müsste, ein Stück Ziegel hinwerfen oder sie aus dem Dickicht heraus anschreien, aber du bist zu feige für so etwas, das spürst du. Du schleichst dich zurück in die Richtung, aus der du gekommen bist, läufst hinter das Gebäude, schnappst dir dein Fahrrad und trittst ohne nach hinten zu schauen in die Pedale, du fliehst wie ein erschrockenes Wild, fährst so schnell du kannst, weg von dem Stöhnen, hinaus in die Stille.

Du rast so schnell, dass die salzige Erde unter dir staubt, bist gleich am Betonweg, biegst ein, ohne dich vorher umzusehen. Es interessiert dich nicht, ob etwas kommt, es wäre vielleicht besser, wenn etwas käme. Vor Anstrengung läuft dir der Rotz herunter, vermischt sich mit dem Speichel und dem Schweiß in deinem Gesicht.

Zähnebleckend trittst du in die Pedale im orangefarbenen Licht der immer tiefer stehenden Sonne. Als hätte man dir wieder alles weggenommen, als müsstest du wieder alles und jeden verfluchen, um überleben zu können. Du trittst in die Pedale, sämtliche Muskeln angespannt, und dabei fallen dir die Pakete deiner Mutter ein, immer zu Weihnachten und zu deinem Geburtstag, und dann, wer weiß wieso, die Mohnnudeln deiner Tante. Du fährst und fährst, jetzt kommen auch schon die Tränen, du denkst an die Vix-Note und dass es gar nicht so schlimm wäre, wenn sie die Gegend hier leersiedeln würden. Und dann, gerade, als du auf die Brücke über dem Kanal kommst, fällt dir ein, dass du den Sack auf der Lichtung zurückgelassen hast. Aber jetzt kannst du nicht mehr zurück, um ihn zu holen, du kannst nicht mehr umkehren, du trittst noch wütender in die Pedale, ein Lkw kommt von vorne, sein Fahrtwind ist wie ein Schlag ins Gesicht. Du denkst an die Katzenjungen in der Dunkelheit des dicken Leinensacks, an den Hunger, den Durst, die Kälte und die winzigen Krallen, die sie sich gegenseitig ins Fleisch schlagen. Man kann nicht wieder zurück. Plötzlich bricht das Schluchzen aus dir heraus, mit bebendem Rücken treibst du das Fahrrad an, und dann, als du am schnellsten rollst, lässt du den Lenker los, richtest dich im Sattel auf und schließt die Augen. Das Dunkel streichelt mit weicher Hand über dich, noch ein bisschen, sagst du dir, nur noch ein paar Meter, nur noch ein paar Sekunden, dunkel, der Wind schlägt dir ins Gesicht, metallenes Quietschen, du öffnest die Augen, es ist immer noch dunkel.

Unbekannter Himmel

Die beiden Jungen liefen mit gemessenen, überraschend gleichmäßigen Schritten, als hätte ihnen das Wissen um die Nähe ihres Ziels größeres Selbstbewusstsein verliehen. Nicht nur das Wissen darum, dass sie bald angekommen sein würden, sondern auch, dass auf ein Ziel zuzuhalten die natürlichste Sache auf der Welt war und zur menschlichen Existenz gehörte wie das Atmen oder der Herzschlag, der immer lauter in ihren Ohren widerhallte. Dabei hatten sie gar kein Ziel, das heißt, ihr Ziel war, in Bewegung zu bleiben, das Laufen war also kein Mittel, um von A nach B zu kommen, sondern die einzig sinnvolle Tätigkeit, die sie sich in diesem Moment vorstellen konnten. Beim Laufen waren sie mit sich selbst eins und irgendwie auch mit der Außenwelt, sobald sie stehenblieben, und das war manchmal unvermeidlich, legte sich ein Nebel der Bedrohlichkeit um sie. Wenn wir uns nicht beeilen, kann alles Mögliche passieren, sagten sie sich, aber von Zeit zu Zeit mussten sie doch verschnaufen oder sich an der Ecke umschauen, nicht dass sie in eine Falle liefen.

Seit drei Tagen gab es Unruhen in der Stadt, und es war vorerst nicht abzusehen, wann das Leben wieder seinen normalen Gang gehen würde. Sobald an einer Stelle die Zusammenstöße aufhörten, entstand an anderer Stelle ein neuer Brennpunkt. Die Polizei unterschätzte die Aufständischen beträchtlich, in den Nachrichten war von Fußballhooligans und betrunken randalierenden Halbwüchsigen die Rede, aber nach der dritten Nacht mussten sie sich eingestehen, dass die Lage viel komplizierter war. Die Unruhen begannen tatsächlich mit einem Fußballspiel, genauer gesagt, wie es eben so ist, mit einer zur falschen Zeit am falschen Ort abgehaltenen Politikerrede, begleitet von duckmäuserischem gegenseitigem Aufeinander-Zeigen und Unter-den-Teppich-Kehren, bis beim Spitzenspiel am Wochenende einem seit langem schlummernden Vulkan gleich der Zorn, der Hass und eine Mischung aus ohnmächtiger Wut und Kränkungen ausbrach. Das Spiel wurde unterbrochen, die Spieler und der Schiedsrichter wurden rausgebracht, aber die Polizeitrupps waren unfähig, die Massen unter Kontrolle zu bringen. Auch wenn nicht klar war, mit welchem Ziel, zogen die Leute vom Stadion Richtung Innenstadt, erst schrien sie nur herum und warfen Mülltonnen um, später wurden Schaufenster eingeworfen, Bänke und Bushaltestellen zerstört, und schließlich, man weiß nicht, woher auf einmal, flogen auch Molotov-Cocktails, und Autos und Geschäfte gingen in Flammen auf. Der Zug hielt auf einem zentralen Platz in der Innenstadt, vor dem Gebäude eines Ministeriums, man weiß nicht, wieso gerade dort, am Samstagabend hielt sich niemand im Gebäude auf, und das Ministerium gehörte ohnehin nicht zu den wichtigeren. Wahrscheinlich war es den Leuten an der Spitze der Menge zu Ohren gekommen, dass sich die Sturmpolizei, wenn auch nur langsam, bereit machte, die Menge aufzulösen, die Mannschaftswagen und die Wasserwerfer hatten sich schon auf den Weg gemacht, und sie fanden es besser, wenn sie sich auf diesem gut zu verteidigenden Platz, den man auch schnell und in viele Richtungen verlassen konnte, auf den Zusammenstoß vorbereiteten. Von einer nahe gelegenen Baustelle schafften sie Holz, Steine und Zementsäcke herbei, bauten improvisierte Barrikaden, und dann warteten sie. Die Polizei umzingelte den Platz gegen zehn Uhr abends. Diejenigen, die eingetroffen waren, um sich der Menge anzuschließen, drängten sie in schmale Seitenstraßen und hielten sie von der Hauptgruppe getrennt, und kurz nach Mitternacht zogen sie los, um die Unruhestifter vom Platz zu vertreiben. Der Kampf ging bis in die Morgenstunden, die Polizei setzte Tränengas, Gummigeschosse und Wasserwerfer ein, und die Menge verteidigte sich mit dem, was ihr gerade in die Hände fiel. Manche hebelten Pflastersteine aus, manche brachen faustgroße Stücke aus den Stuckfassaden der Gebäude, und es gab auch welche, die vorbereitet waren und mit einer zu Hause gebastelten oder im Geschäft für

Jägerbedarf gekauften Zwille schwere Schraubenmuttern auf die Uniformierten mit ihren Plastikschildern abschossen. Es gab auf beiden Seiten zahlreiche kleinere bis größere Verletzungen, aber von Todesfällen war vorerst nicht die Rede, das heißt, es kamen Gerüchte auf, aber diese wurden recht schnell widerlegt.

Am nächsten Tag spielte sich im Grunde das Gleiche ab, mit dem Unterschied, dass die Menge, nachdem es ihr nicht gelungen war, den Platz zurückzuerobern, in dieser Nacht über eine der Ringstraßen zog und an den unbedacht abgestellten Fahrzeugen und den nicht vernagelten Auslagen eine Spur der Verwüstung hinterließ. Am dritten Tag schien ihr Elan etwas nachzulassen, vielleicht waren die Unruhestifter müde geworden. Auch die Taktik der Polizei hatte sich geändert. Diesmal gelang es ihr zu verhindern, dass die aus den verschiedenen Randbezirken hereindrängenden Gruppen sich zu einer größeren Ansammlung zusammenschlossen, die voneinander ferngehaltenen, kleineren Haufen konnte man leichter kontrollieren und müde machen. Gegen zehn Uhr abends ging es trotzdem wieder los, ein Polizeikordon wurde von der Menge durchbrochen, und nicht einmal die Wasserwerfer konnten die von ihren unverhofften Erfolgen ermutigten Demonstranten zur Umkehr zwingen. Es gelang ihnen, in die Seitenstraßen zu entkommen, wo sie einer Polizeikette, die eine andere Zelle bewachte, in den Rücken fielen. Es herrschte ein vollkommenes Durcheinander, niemand konnte sagen, in welcher Straße die Polizisten waren und in welcher die Aufständischen, wer wohin zog und wer wen verfolgte. In ihrer Verzweiflung setzte die Regierung die aus der Provinz herbeibefohlenen Reservisten ein, aber damit konnte man dem Chaos nicht Einhalt gebieten. Es war eine wunderbare Nacht im Frühherbst mit leichtem Frost, hätten nicht Rauch und bitteres, den Gaumen verätzendes Tränergas die ganze Innenstadt überzogen.

Die beiden Jungen blieben schwer atmend an einer Straßenecke stehen. Sie stellten sich mit dem Rücken an die Wand, dann lugte der größer Gewachsene, der näher zur Straße hin stand, vorsichtig aus der Deckung heraus. Die Luft ist rein, sagte er. Das Tuch, das er sich vor den Mund gebunden hatte, blähte sich und erschlaffte im Rhythmus seines Atmens. Dann los, antwortete der Kleinere, und als wäre das nicht genug, schlug er seinen Kameraden auf die Schulter, so wie es die Packer an der Seite des Lkw machen, um dem Fahrer anzuzeigen, er könne los. Als sie wieder losliefen, raste zwei Seitenstraßen vor ihnen ein Polizeikonvoi mit lautem Sirenengeheul vorbei. Erschrocken sprangen sie in eine Toreinfahrt und pressten sich mit dem ganzen Körper an die feuchte, abblätternde Wand, sie verschmolzen fast mit ihr und beteten still, dass keines ihrer Gliedmaßen aus dem Schatten ragte. Als das Sirenengeheul immer leiser wurde und sie auch kein anderes Geräusch hörten, wagten sie sich langsam hervor und liefen wieder los. Wenn ich durch die Nase atme, dachte der Größere, bekomme ich kein Seitenstechen, aber unter diesem blöden Tuch ist das schwer, es quetscht mir die Nase zusammen. Der Kleinere, der seinem Freund mit etwas Abstand folgte, überlegte derweil, ob der andere wusste, wo man am besten langging. Denn seiner Meinung nach hatten sie die falsche Richtung gewählt, aber er wollte deswegen jetzt keinen Streit anfangen, er hätte dafür auch nicht genug Luft gehabt, er musste all seine Kraft zusammennehmen, um mit seinem Freund Schritt zu halten.

An der nächsten Straßenecke blieben sie wieder stehen und pressten sich an die Wand, aber diesmal stand der Kleinere näher an der Straße, er war derjenige, der Ausschau halten musste. Vorerst konnte er sich nicht dazu durchringen, er japste laut und hob den Blick gen Himmel, während der Großgewachsene auf den glitzernden Scherben einer zerschlagenen Telefonzelle ungeduldig von einem Bein aufs andere trat. Was zum Henker ist los, ist die Luft rein oder nicht, fragte der Größere mit gedämpfter Stimme. Gleich, antwortete der Kleinere, lass mich zu Atem kommen. Während er sprach, hielt er den Blick nach oben gerichtet und dachte daran, wie schade es war, dass er die Sternbilder nicht gelernt hatte, wenn er sie lesen könnte, würde er sich nicht so ratlos fühlen wie jetzt, unter diesem unbekannten Himmel stehend. Na schön, zischte der andere, für so was haben wir verdammte Scheiße keine Zeit. Er zerrte seinen Freund von der Ecke weg, um sich dann eben selbst umzuschauen. Vor seinen Augen breitete sich der Ring aus, die Szenerie erinnerte an ein Schlachtfeld. Die Parkspur an beiden Seiten war voller ausgebrannter Fahrzeuge, und wohin er auch blickte, war der Gehsteig und ein Großteil der Fahrbahn mit Glassplittern übersät. Die Mülltonnen waren umgeworfen und lagen eingedellt vor den Toreinfahrten und den vernagelten Auslagen, weiter weg zeichnete sich im schwachen Licht die mächtige Silhouette eines umgeworfenen Busses ab. Das muss der letzte Nachtbus gewesen sein, dachte der Größere, und wider Erwarten erfüllte ihn das ungewohnte Panorama mit einer eigentümlichen Ruhe. Der Bus erinnerte ihn an ein großes totes Tier, und zwar an die auf der Seite liegende Kuh mit den steif gewordenen Beinen, die er als Kind gesehen hatte, und als er daran dachte, hatte er beinahe den Gestank des verwesenden Fleisches in der Nase. Da sah er einige düstere Gestalten in der Nähe des Busses auftauchen. Aus der Entfernung konnte man nicht erkennen, wie viele es waren, deren Umrisse sich im Zwielicht abzeichneten, doch als das Licht eines griechischen Feuers aufflackerte, konnte man deutlich sehen, dass es sich um eine große Menschenmenge handelte. Sie sind hier, sie kommen in unsere Richtung, warf er dem Kleineren hinter sich zu, der ihn statt einer Antwort am Arm packte und in die andere Richtung gestikulierte. Der Größere verstand erst gar nicht, was los war, aber als er mit zusammengekniffenen Augen zu erkennen versuchte, was seinen Freund so erschreckt hatte, sah er auf einmal das schwache blaue Blinken an den Fassaden der gegenüberliegenden Häuser. Demzufolge waren sie genau in die Frontlinie hineingelaufen, und nun standen sie hier, irgendwo auf halbem Weg zwischen den sich auf den Zusammenstoß vorbereitenden, langsam vordringenden Polizeiketten und dem entschlossen marschierenden harten Kern der Demonstranten. Die Knie fingen ihnen zu zittern an, sie sahen sich an, hier sollten sie nicht sein, das wussten sie.

Was zum Henker sollen wir jetzt machen, fragte der Größere. Weiß nicht, sagte der andere, vielleicht gehen wir zurück. Sie gingen vorsichtig, mit geknickten Knien, Schritt für Schritt zu der Ecke zurück, um die sie gerade noch atemlos gerannt kamen. Diesmal schaute der Kleinere raus, und der Anblick, der sich ihm bot, ließ ihm das Blut gefrieren, sämtliche Muskeln fühlten sich auf einmal taub an. Fünfzehn bis zwanzig Meter von der Ecke entfernt standen in der ganzen Breite der Straße berittene Polizisten und warteten stumm. Hier können wir nicht lang, flüsterte der Kleine verzweifelt nach hinten, ohne den Blick von den riesigen Tieren abzuwenden, die überraschend diszipliniert auf der Stelle standen. Nur am Ausdehnen und Zusammenziehen der zuckenden Nüstern und am Wallen des aufsteigenden Dampfes war zu sehen, dass die Pferde nervös waren. Die Jungs ließen jetzt alle Vorsicht fahren und rannten zu der mit Schmierereien bedeckten Telefonzelle zurück, an der sie zuvor gestanden hatten, doch als sie sich wieder in die Deckung zurückzogen, schien auch das blaue Blinken stärker geworden zu sein, und nun konnte man, wenn auch nur in Fetzen, die Gesänge der Demonstranten hören. Beide Seiten bewegten sich langsam aufeinander zu. Der Größere war drauf und dran, die haarsträubende, mangels einer besseren Alternative dennoch realistische Idee zu äußern, dass sie einfach losrennen sollten, um die Ecke herum, und versuchen, die Linie der Demonstranten zu erreichen, in der Hoffnung, dass sie weder von einem Gummigeschoss noch von einem hervorpreschenden Reiter erwischt würden. Aber bevor er etwas sagen konnte, klingelte das Telefon. Die Jungen fuhren zusammen und starrten mit verständnislosem Gesicht zu der Telefonzelle mit den zerborstenen Scheiben. Wie konnte es sein, dass das Telefon noch ging, und wer zum Teufel rief ausgerechnet jetzt diese Nummer an? Der Größere wollte sagen, geh ran, bevor ein neugieriger Polizist nachschaut, woher das Geräusch kommt, aber er brachte keinen Ton heraus, er gestikulierte nur nervös mit um sich schlagenden Bewegungen in Richtung seines Freundes, der näher am Apparat stand. Der Kleinere trat einige vorsichtige Schritte an die Zelle heran, die Splitter unter seinen Sohlen knirschten, er schob sich durch ein in der Scheibe der Tür klaffendes Loch näher an den Apparat heran. Er richtete sich auf, nahm den Hörer ab und hockte sich wieder hin.

Eigentlich wollte er den Hörer nur abheben, damit es nicht weiter klingelte, aber als er ihn in der Hand hielt, hielt er ihn automatisch ans Ohr. Hallo, wer ist da, fragte eine Stimme am anderen Ende der Leitung, soweit man das feststellen konnte, war die Anruferin eine ältere Frau. Wie bitte, fragte der Junge, aber mit so einer unsicheren Stimme, als könnte er immer noch nicht glauben, dass das alles ausgerechnet ihm widerfuhr. Hallo, die Verbindung ist aber schlecht, sagte nun wieder die Frau, ist da jemand? Der Junge sah zu seinem Freund hoch, der nervös die Arme ausbreitete, und obwohl er keinen Ton von sich gab, konnte man an seinem Mund, den er unter dem Tuch befreit hatte, ablesen, dass er fragte, was zum Geier? Ja, ich bin hier, sagte der Kleinere in den Hörer, wen wollen Sie sprechen? Du erinnerst dich bestimmt nicht an mich, sagte plötzlich die Frau, ich bin Tante Vera, als du klein warst, habe ich manchmal auf dich aufgepasst. Was, fragte der Junge und sah wieder seinen Freund an, aber dabei grinste er schon und zeichnete mit dem Zeigefinger seiner freien Hand Räder in die Luft neben seiner Schläfe. Der Größere sah ihn immer noch verständnislos an, er fand ihre Lage alles andere als witzig. Wen wollen Sie sprechen, fragte der Junge erneut und lehnte seinen Kopf gegen den kalten Eisenrahmen der Zellentür. Jetzt stell keine dummen Fragen, fuhr die Frau auf, ich suche natürlich den Ágoston, Ágoston Zsigmond. Ach so, versetzte der Junge, aber er konnte sich trotz all seiner Bemühungen nicht mehr zusammenreißen und gab einen kurzen, an einen Schluckauf erinnernden Lacher von sich. Na also, sagte die Frau, ist er zu Hause? Im Moment gerade nicht, antwortete der Junge, soll ich ihm was ausrichten? Auf die Frage folgte einen Augenblick lang Stille, man konnte spüren, dass die Frau am anderen Ende mit sich kämpfte, aber dann sprach sie doch weiter, wenn auch ihre Stimme zittriger und farbloser und irgendwie auch schwerer war als zuvor. Ja, bitte, sag ihm, dass Tante Vera ihm ausrichten lässt, dass sie ihm verziehen hat und in letzter Zeit sehr viel an ihn gedacht hat, und wenn er Zeit habe, würde sie ihn gerne wiedersehen, sagst du ihm das, ja?

Bevor der Junge hätte antworten können, durchschnitt von beiden Seiten ein gellender Pfeifton die Luft, und die berittene Polizei stürmte unter ungeheurem Gebrüll, Gewieher und Hufeisengetrappel los, gleichzeitig mit der Reihe der Plexiglasschilder auf dem Ring,

hinter denen die Wasserwerfer und die Sirenen der Poli-
zeiautos ein ohrenbetäubendes Sirenengeheul anstimm-
ten. Die stille Membran der Nacht zerriss, der Junge ließ
den Telefonhörer los und verkroch sich in den Tiefen der
Telefonzelle, wie ein in die Ecke getriebenes Tier. Aber
selbst aus dieser Position sah er klar, wie ein vorbeiga-
loppierender Reiter mit seinem Säbel auf den Rücken seines verzweifelt fliehenden Freundes schlug, der dadurch
vornüberfiel und reglos auf dem Asphalt liegen blieb.
Was danach kam, konnte er sich nicht mehr ansehen, er
kauerte sich noch mehr zusammen, zerrte seine Kapuze
vors Gesicht und schloss die Augen.

Nach einer Weile wurden das Sirenengeheul und
das Geschrei leiser, auch das Wiehern der Pferde schien
aus immer größerer Entfernung zu kommen. Der Junge
kroch vorsichtig aus der Zelle, fegte die Glassplitter von
seiner Jacke und ging mit zitternden Knien zur Straßenecke. Bevor er hinaussah, hob er noch einmal den Blick
gen Himmel, aber diesmal sah er keine Sterne, Wolken
hatten sich über der Stadt ausgebreitet. Auf dem Ring
lagen noch mehr Trümmer und ein noch dickerer Teppich aus Schutt, weiter weg, hinter dem umgestürzten
Bus waren, begleitet von blendenden Lichtblitzen, metal-
lische Geräusche zu hören. Vermutlich hatte der Sturm
der Polizei die Unruhestifter bis dorthin zurückgedrängt.
Dieser Teil der Straße war nun vollkommen ruhig, der
Junge trat aus der Deckung und ging dorthin, wo er
seinen Freund hatte stürzen sehen. Er entdeckte einen
winzigen Blutfleck, aber abgesehen davon deutete nichts
darauf hin, dass dort vor kurzem noch ein hilfloser Kör-

per gelegen hatte, und auch nicht, wohin er verschwunden sein mochte. Der Junge blickte sich um, horchte, er hatte das Gefühl, von starren, stummen Straßen umgeben zu sein. Die Stille machte ihn schaudern, er wollte vor ihr fliehen. Erst tat er einige unsichere Schritte, dann fing er zu rennen an, er lief mit gleichmäßigen Bewegungen in die Richtung, aus der sie gekommen waren. Dann beschleunigte er, machte immer längere Schritte, um so schnell wie möglich anzukommen, obwohl er nicht recht wusste, wo.

Das Land der Jungen

Die vier braunen Papiertragetüten standen nebeneinander in der Mitte des Zimmers, vollgestopft bis obenhin, ich bemerkte sie erst gar nicht. Ich lebte schon lange nicht mehr hier, im Lauf der vergangenen Jahre hatte ich allmählich alle meine Sachen in die andere Wohnung hinübergetragen. Wie meine Bücher, mein Krimskrams, meine Bilder von hier fortwanderten, empfand ich diesen wenige Quadratmeter großen Raum immer weniger als mein Zuhause, das ich einst, als ich jünger war, so selbstverständlich bewohnt hatte. Aus meinem Zimmer war mittlerweile einfach eins von fünf Zimmern im Haus meiner Eltern geworden, und wir sprachen unter uns gar nicht mehr davon als »mein Zimmer«, sondern nannten es »das kleine Zimmer«. Im kleinen Zimmer standen also die vier großen IKEA-Tüten, aber da ich gar nicht erst hineinschaute, denn es gab nichts mehr, was ich mir hätte anschauen können, nahm ich gar keine Kenntnis von ihnen, bis meine Mutter mich auf sie aufmerksam machte.

Als ich zu Hause ankam, warf ich meine Reisetasche in der Diele ab, und ohne meine leichten Rauleder-Sommerschuhe auszuziehen, spazierte ich durch die Wohnung bis zur Terrassentür. Die Türen zur Terrasse und zum kleinen Zimmer sind nebeneinander, dennoch fiel mir nicht ein, wenigstens einen Blick hineinzuwerfen. Mein Vater saß auf der Terrasse, las Zeitung und trank Rotwein, was ich bei dieser Hitze etwas seltsam fand, obwohl ich ahnte, dass der Beginn seiner Zeit als Rentner zusammenfiel mit dem Beginn seines gepflegten Alkoholismus. Ich habe ihn nie wirklich betrunken gesehen, aber abgesehen von den Fällen, wenn er Auto fahren musste, auch nur selten ganz nüchtern. Immer stand eine Flasche Wein in seiner Nähe oder ein, zwei Dosen Bier, Hochprozentiges mochte er zum Glück nicht. Jetzt hatte er, mitten an einem Sommernachmittag, Lust auf einen kräftigen Roten bekommen. Als er mich sah, warf er seine Lesebrille nachlässig auf die Mitte des Tischchens, stand auf und umarmte mich. Bist du endlich da, sagte er, als wäre ich von sehr weit her gekommen. Mit Ach und Krach, antwortete ich säuerlich und fügte hinzu, mit dem Auto wäre es einfacher gewesen. Seit einer Weile kam ich immer mit meiner Verlobten auf Heimatbesuch, genauer gesagt brachte sie mich, da ich selbst keinen Führerschein hatte, mit dem Auto her. Diesmal jedoch war ich mit dem Zug gekommen, wie zu Studienzeiten, um vor unserer Hochzeit noch einige Tage zu dritt mit meinen Eltern zu verbringen. Nicht, dass ich in Zukunft nicht unzählige Gelegenheiten dazu haben würde, aber während der Hochzeitsvorbereitungen erscheinen gewisse Dinge bedeutungsschwerer und endgültiger, als sie es tatsächlich sind, egal, wie sehr man sich sonst bemüht, seinen Realitätssinn zu bewahren.

Mein Vater hatte vermutlich kurz zuvor den Rasen gesprengt, im kräftigen Sonnenschein schwebte die frische Dunstwolke wie ein dünner Seufzer über dem Grün. Der Garten war der Stolz meiner Eltern, und das zu Recht, sorgsam ausgewählte Pflanzengruppen waren hier und dort angeordnet, immer im dafür geeignetsten Winkel des Areals. Ebenso die Bäume, die sich als tragende Säulen einer für mich geheimnisvollen, aber sichtlich gut funktionierenden Ordnung in die Höhe streckten, in einer Reihenfolge, die von der Logik der ost-westlichen Schattenwanderung bestimmt war. Vorne die Sonne liebenden, weiter hinten, verdeckt von den anderen, jene, die kühlenden Schatten brauchten. Meine Lieblingsbäume waren die beiden alten Maulbeerbäume mit den leicht verdrehten Stämmen, die viele, viele Stürme überdauert hatten, und der junge Gingko, von dem wir lange dachten, dass er es nicht schafft, aber dann schlug er, wenn auch unter Mühen, doch noch Wurzeln und trieb aus.

Ich hatte kaum ein paar Worte mit meinem Vater gewechselt, da erschien meine Mutter in der Terrassentür mit Kaffee und Kuchen auf einem Silbertablett. War es eine lange Reise, fragte sie, woraufhin mein Vater und ich uns angrinsten. Nein, nicht so sehr, antwortete ich beiläufig, setzte mich in einen Rattansessel und trat endlich nachlässig die Schuhe von mir, ich zog die kurzen Socken aus und krempelte ein wenig die Hosenbeine hoch. Ich fing auch an, mein Hemd aufzuknöpfen, nicht ganz, aber wenigstens bis zur Mitte der Brust, wenn es schon so eine Hitze war. Da fasste meine Mutter das Hemd an, rieb den Stoff zwischen Daumen und Zeigefinger und nickte anerkennend, schönes Hemd, ich habe es noch nie an dir gesehen, hast du es schon lange? Nein, sagte ich, aber ganz neu ist es auch nicht, ich habe es im Frühjahr gekauft, als ich in Wien war. Es steht dir, sagte sie und rieb weiter nachdenklich den Stoff, dann beugte sie sich zu mir, ließ meinen Ärmel los und flüsterte, als handele es sich um ein Geheimnis, ich habe einige alte Sachen von dir in Tüten getan, schau sie dir mal an, sie stehen im kleinen Zimmer, was du nicht mehr willst, bring ich zum Roten Kreuz. Sie sagte es deswegen so vorsichtig, weil sie nicht wollte, dass mein Vater es hörte, er hasste es nämlich, Sachen wegzuwerfen und zu verschenken, nicht einmal verkaufen mochte er sie. Solange man noch Platz auf dem Dachboden hat, ist es unnötig, etwas wegzuschmeißen, vielleicht ist es noch für irgendwas gut, sagte er schon zu meiner Teenagerzeit, meine arme Mutter und auch mich damit in den Wahnsinn treibend. Seitdem ist die Lage noch schlimmer geworden, es ist sogar schon vorgekommen, dass er etwas aus der Mülltonne klaubte, wenn er bemerkte, dass meine Mutter es weggeworfen hatte. Löchrige Staubsaugerschläuche, alte, vergilbte Zeitungen, eingedetschte Pingpongbälle kamen an den unvermutetsten Stellen wieder zum Vorschein, wenn man anfing, etwas auf dem Dachboden zu suchen. Dabei hatten sie alles, aber mein Vater wurde seinen Sammlerinstinkt einfach nicht los.

In Ordnung, ich schau's mir mal an, sagte ich, und schlürfte meinen Kaffee aus. Ein Haufen alter Fetzen, dachte ich und drehte den Kopf hin und her, um den geeignetsten Platz für den Liegestuhl zu finden, damit ich im Halbschatten liegen konnte. Ich habe eine so weiße Haut, dass ich innerhalb einer halben Stunde einen Sonnenbrand bekomme, wenn ich mich in die pralle Sonne lege, andererseits bin ich eitel genug, im Sommer braun werden zu wollen, so dass ich ständig im Halbschatten und beim Schein der aufgehenden und untergehenden Sonne experimentiere, mit minimalem Erfolg. Die Maulbeerbäume bildeten einen Winkel mit den in den Hof einfallenden Lichtstrahlen, so dass das Verhältnis zwischen Licht und Schatten unter dem rechts stehenden mit dem schüttereren Geäst optimal erschien. Ich richtete den Plastikliegestuhl sorgfältig schräg aus, so dass die Sonne auf meinen Oberkörper fiel, aber mein Gesicht im Schatten lag, dann ging ich zurück in die Diele, um ein Buch aus meiner Reisetasche zu holen. Es war ein schweres, dickes Buch, der neue amerikanische Großroman, wie es in den Empfehlungen hieß. Zweifellos waren darin eine Menge Seiten vollgeschrieben, aber manchmal kam mir der Verdacht, dass dieses große Format vielleicht nur eine Pose war, ein großes Wollen, ohne wirklichen Inhalt. Jedenfalls las ich diesen Roman, und fast gewann ich ihn auf halber Strecke sogar lieb, ich war also neugierig, wie er sich weiterentwickeln würde, ich hatte bloß vergessen, dass man im Garten meiner Eltern nicht so einfach lesen konnte wie in meiner eigenen Wohnung. Zwar wurde das Recht eines Lesenden auf Ruhe stets respektiert, aber besonders, wenn sie mich seit einer Weile nicht gesehen hatten, brachten sie es fertig, mich immer wieder mit der einen oder anderen Frage oder einer Bemerkung zu unterbrechen und etwas verschämt auszuhorchen. Auch diesmal war das nicht anders, insbesondere da ihnen das Interesse bezüglich der Hochzeitsvorbereitungen ein Alibi lieferte. Ich ließ meine Augen noch über einige Sätze gleiten, damit es nicht so aussah, als ob ich sofort nachgab, dann ließ ich das Buch langsam sinken, legte die Bahnfahrkarte, die ich als Lesezeichen benutzte, zwischen die Seiten, richtete mich auf dem Liegestuhl auf, zog das vor wenigen Minuten abgeworfene Hemd wieder an und überließ mich meinen Verhörern. Ich hätte allerdings nicht gedacht, dass ich so detailliert auf alles würde eingehen müssen, auf den Zustand der Wohnung, den Einkauf der Kleidung, die Frist für die Blumendekoration und die Sträuße, ja sogar auf die verwendeten Blumensorten, wozu ich nicht viel sagen konnte, denn außer Rosen habe ich kaum etwas auf den Bildern erkannt, die man mir beim Floristen gezeigt hatte. Ich wurde langsam müde, und irgendwie schwitzte ich dadurch immer heftiger, der Schweiß zeichnete sich erst nur in kleineren Tropfen, später in immer größeren, zusammenhängenden Flecken auf meinem Hemd ab. Und als meine Mutter wieder die in meinem Zimmer stehenden Papiertüten zur Sprache brachte, war das eine willkommene Gelegenheit, mich, auf die Aufgabe des Sortierens und nicht zuletzt auf die kühleren Temperaturen im Zimmer berufend, weiteren Fragen zu entziehen.

Ich hatte überhaupt keine Lust, Kleidung zu sortieren, ich dachte, ich gehe ins Zimmer, schließe die Tür hinter mir, lege mich aufs Sofa und ruhe mich aus, vielleicht schlafe ich sogar ein wenig, und dann sage ich einfach, dass ich alle Tüten für in Ordnung befunden habe, sie könnten zum Roten Kreuz. Das tat ich dann auch, ich warf mein durchgeschwitztes Hemd auf den Boden, knöpfte meine Hose auf und legte mich aufs Sofa. Ich genoß die Kühle und die Ruhe im Zimmer, dass ich mich, wenn auch nur für kurze Zeit, in mein altes Zimmer einschließen konnte und auf niemandes Fragen antworten musste. Leider hatte ich das Buch draußen, im Gras neben der Liege vergessen, was mich ziemlich ärgerte, denn die Umstände wären gerade richtig gewesen für ein bis zwei Stunden ungestörten Lesens. Dann werde ich eben nur ein wenig ruhen, dachte ich, aber ich war nicht mehr müde und konnte auch nicht schlafen, sosehr ich auch darauf wartete. Nach einer halben Stunde des Herumliegens hielt ich das Nichtstun nicht mehr aus, setzte mich auf, und um etwas zu tun, ohne dass ich mich hinausbegeben musste, zog ich nun doch eine der Papiertüten an mich heran.

Der Duft frisch gewaschener Kleidung wehte mir entgegen, und in der Tat waren da meine alten Klamotten, sorgsam gefaltet und eng nebeneinandergelegt. Ich strich mit dem Handrücken über sie und zog nach dem Zufallsprinzip das eine oder andere Stück heraus. Da war mein ehemaliges blaues Lieblingstennisshirt von Nike, das ich häufig im Sportunterricht und beim Basketballtraining trug. Überraschenderweise war es in einem fast neuwertigen Zustand, obwohl hie und da die Nähte nachließen, aber man konnte es noch prima tragen. Ich stellte mir auch sogleich vor, was der neue Besitzer dazu sagen würde, den ich mir aus irgendeinem Grund als einen dünnen, schweigsamen, seine Armut mit Würde und stillem Hass tragenden Teenager vorstellte. Als Nächstes fiel mir ein Strickcardigan in die Hand, ein dickes, graues Wolloberteil, bei dem in der Mitte, irgendwo zwischen Brust und Nabel, ein schwarzer und ein weißer Streifen zusammenliefen. Gemessen an der geraden aktuellen Mode war er viel zu weit, schlampig, aber davon abgesehen konnte man ihm fast nicht ansehen, dass es kein neues Stück war. So wühlte ich weiter in den Kleidungsstücken, zog eine Tüte nach der anderen zu mir und betrachtete die Sachen mit immer fremderem Blick, als hätten sie einst gar nicht mir gehört, genauer gesagt, als hätte ich den, der sie getragen hat, nicht näher gekannt als einen entfernten Cousin oder einen guten Freund der Familie. Dabei konnte ich mich erinnern, dass ich auf das eine oder andere Stück ziemlich stolz war, als es neu war, ich maß Kleidung immer eine große Bedeutung bei, als würde meine Beliebtheit von den Kleidungsstücken abhängen. Ich vertraute meinem Geschmack ziemlich, obwohl ich mit den Farben häufig nicht zurechtkam, wenn man farbenblind ist, kann man schon mal übel danebengreifen.

In der letzten Tüte waren Hosen: einige Jeans, etwas abgewetzt, aber tragbar, eine dunkelgrüne Stoffhose, eine karierte Schlaghose, die ich ganz und gar vergessen hatte, und ich hoffe, ehrlich gesagt, dass ich sie nicht sehr häufig trug, eine Airwalk Breitcord, die ganz schön teuer war seinerzeit, und dann noch einige Shorts. Kann alles über den Jordan, dachte ich, aber sicherheitshalber prüfte ich noch einmal, ob ich nicht irgendwas ausgelassen hatte. Ich stach mit einer Hand zwischen zwei Jeans und sah unten in der Tüte nach, nichts, dann zwischen der karierten Schlag- und der Stoffhose, dort war meine einstige Cassone Schwimmhose hineingerutscht, aber die konnte auch weg, und schließlich sah ich auch zwischen der Airwalk und den Shorts nach und bemerkte eine Samthose darunter. Auf den ersten Blick kam sie mir nicht bekannt vor, aber als ich sie rauszog und gegen das Fenster hielt, erkannte ich sie im einfallenden Sonnenlicht doch noch, und von da an konnte ich den Blick nicht mehr von ihr wenden.

Bist du fertig, frage ich leise am Telefon und warte auf die Antwort, aber außer ihrem stockenden Atem und einem leisen Schniefen kann ich nichts hören. Juli, bist du fertig, frage ich noch einmal und warte geduldig und entschlossen, selbst wenn ich stundenlang ohne Antwort hier stehen muss, werde ich mich nicht aufregen. Stunden sind es nicht gerade, aber durchaus einige lange Minuten, bevor sie endlich hervorpresst, ja, wir können los. Wir haben uns auf den acht-fünfzehner Bus geeinigt, der ist weder zu früh noch zu spät, wir kommen also gerade rechtzeitig an, wenn alles gutgeht. Ich lege auf, gehe zum Esstisch und trinke den Rest meines Tees aus. Meine Mutter sitzt in ihrem Morgenrock auf dem Stuhl, schaut hoch zu mir, mit ihrem morgendlich zerwühlten Haar sieht sie jünger aus, als wenn sie sich kämmt. Ich verstehe es nicht, sagt sie, während sie sich zurück zu ihrem Teller dreht und anfängt, ein Butterbrot mit Marmelade zu bestreichen, ich verstehe nicht, warum ihr ausgerechnet heute gehen müsst. Aber ich hab's doch schon ein Dutzend Mal erklärt, sage ich aufbrausend, weil heute keine Schule, aber ein Werktag ist und alles länger auf hat. Sie hat das Brot schon zum Mund gehoben, aber sie antwortet doch lieber erst, bevor sie abbeißt. Ja, aber morgen könnte dein Vater euch reinfahren und euch absetzen, wo ihr wollt, und er würde euch auch wieder nach Hause bringen. Ich verstehe nicht, warum so viel darüber geredet werden muss, sage ich zu ihr, während ich schon dabei bin, in der Diele die Schuhe anzuziehen, wir wollen heute gehen und allein, was ist daran so schwer zu verstehen? Ihr macht, was ihr wollt, sagt sie, in einem so herablassenden Tonfall, dass ich für einen Moment aufhöre die Schuhe zuzuschnüren und sie ansehe. Ich will streng dreinschauen, ich will ihr mit meinem Blick wehtun, sie spüren lassen, dass sie nichts versteht und besser daran täte, wenn sie endlich den Mund hielte, aber sie dreht sich nicht zu mir um, ich nehme an, sie weiß, was sich in mir abspielt, deswegen schaut sie nicht einmal für einen Moment zu mir, ich sehe nur die kleinen Bewegungen ihres Kiefers und ihre sich immer wieder anspannenden Nackenmuskeln, während sie am Toast kaut.

Meine Eltern mögen Juli nicht, beziehungsweise, mein Vater hat, glaube ich, nicht einmal eine Meinung über sie, er nimmt ihre Existenz gerade mal so zur Kenntnis, aber wenn die Rede auf sie kommt, steht er auf der Seite meiner Mutter. Meine Mutter ist der Meinung, ich hätte eine Bessere finden können, mag ja sein, dass sie gut aussieht, aber sie ist ein ziemlicher Tollpatsch, ständig ist irgendwas mit ihr, von ihrer Familie hört man auch lauter zweifelhafte Sachen. Und ich scheiß auf ihre Familie, sage ich jedes Mal, wenn das Thema zur Sprache kommt, und bin danach nicht mehr bereit, weiter darüber zu reden. Ich schlüpfe in meinen Mantel und greife vorsichtig in die Innentasche, um zu prüfen, ob mein heimlicher Zigarettenvorrat noch dort ist. Ich ertaste ihn, in Ordnung, das Feuerzeug ist auch da, es kann losgehen. Bis später, werfe ich noch zurück, nehme meinen Rucksack und bleibe für einen Moment in der offenen Tür stehen. Meine Mutter dreht sich immer noch nicht um, nimmt einen Schluck von ihrem Tee, spült den Bissen damit hinunter und sagt vor sich hin, du kommst, wenn du willst.

Draußen ist es kalt, ein schneidender, eisiger Wind schlägt mir ins Gesicht, meine Augen fangen sofort zu tränen an. Ich hasse den Februar, man ist schon geneigt zu glauben, dass der Winter bald vorbei ist, und dann kommen die hinterhältigsten Fröste. Auch der Wind schneidet schärfer ein als noch im Januar, und sollte das Wetter für ein oder zwei Tage milder sein, kommt gleich darauf der überfrierende Regen. Die Bushaltestelle ist nicht allzu weit von unserem Haus entfernt, in dieser Stadt gibt es keine Entfernungen, aber bei so einem miesen Wetter ist selbst der kleinste Spaziergang eine Qual. Ich muss lächerlich aussehen, wie ich mit wehendem Schal, mit eingezogenem Hals in meinem weiten Wintermantel dahingehe, mich gegen den Wind lehne. Ich mag weder Mützen noch Handschuhe, jetzt würde ich mich dennoch freuen, wenn ich wenigstens eins davon dabeihätte, aber deswegen werde ich nicht umkehren. Ich zerre die Zigaretten aus der Innentasche und zünde mir eine an, obwohl ich im Wind lange mit dem Feuerzeug kämpfen muss. Die Zigarette halte ich mit dem Mund, denn meine Hände frieren so sehr, dass ich sie lieber zu Fäusten balle und zurück in die Ärmel des Mantels ziehe. Ich denke nicht daran, was uns heute erwartet, was, wenn etwas schiefläuft, ich vertreibe alle Gedanken, alles an Schmerz, Selbstmitleid und Nervosität. Ich will so leer sein wie diese Halbdeziflasche, denke ich und trete mit Schwung gegen die Franzbranntweinflasche, die vor mir auf dem Gehsteig liegt. Es können mich alle mal, das spreche ich laut aus, aber die Aufzählung mache ich dann wieder stumm: Meine Mutter, die beleidigte Leberwurst, kann mich mal, mein phlegmatischer Vater, Julis depressive Mutter und ihr Alkoholikervater, alle Lehrer können mich mal, die Busfahrer können mich auch mal, und schließlich können auch wir beide uns ins Knie ficken, wenn schon, denn schon.

Ich gehe durch den Wind und spüre, dass meine Zehen schon ganz durchgefroren sind, ich kann sie kaum mehr krümmen. Ich biege zwischen zwei Neubauten ein, und am anderen Ende des Durchgangs sehe ich schon Juli stehen, sie steht gekrümmt, lehnt sich gegen das zerkratzte Plexiglas der Haltestelle. Sie hat schon wieder den dünneren Mantel angezogen, dabei habe ich ihr gesagt, dass es scheißkalt werden wird, sie solle sich anständig anziehen, aber ich kann reden, so viel ich will, sie zieht sich den Wintermantel nie an, weil sie der Meinung ist, das wäre peinlich. Ich streiche ihren Kopf durch die Kapuze des Mantels, sie zuckt unter meiner Berührung zusammen. Sie dreht sich zu mir, nimmt die Ohrhörer heraus, Jessasmaria, hab ich mich erschrocken, sagt sie, ich hab nicht bemerkt, dass jemand hinter mir steht. Ich bin's nur, sage ich überflüssigerweise, schließlich sieht sie es, und außer uns steht sowieso keiner an der Haltestelle. Es ist acht Uhr, wir haben noch eine Viertelstunde, also hole ich die Zigarettenschachtel wieder hervor und nehme mir eine heraus. Gib mir auch eine, sagt sie. Ich zögere, was sie sofort bemerkt. Du bist vielleicht blöd, sagt sie, grinst bitter und reißt mir die Schachtel aus der Hand. Wir atmen den Rauch ein, pusten ihn wieder aus und sagen nichts. Schließlich fange ich doch etwas befangen zu reden an, was hörst du da, frage ich, *White Pony,* sagt sie, und dann schweigen wir wieder, so lange, bis der Bus kommt.

Es sitzen nicht viele drin, zum Glück sind keine Bekannten darunter. Wir nehmen ganz hinten Platz, nahe am Fenster, aber hier ist es auch nicht viel wärmer als draußen, also umarme ich sie sofort und fange an, ihren Rücken zu streicheln. Ich weiß nicht wieso, vielleicht nur, um unser Schweigen zu brechen, vielleicht, weil ich befangen bin oder weil ich über die Sache reden möchte, jedenfalls beuge ich mich zu ihr und flüstere ihr ins Ohr, es wird alles glattgehen, und noch einmal, glaub mir, es wird alles in Ordnung gehen. Sie schaut mich an, sagt nichts, ihr Blick ist so seltsam glasig, dass ich unmöglich daran ablesen kann, ob sie mich verachtet, weil ich ihr so väterlich zuspreche, oder ob sie dankbar dafür ist, was ich gesagt habe.

Wir sind seit einem Jahr zusammen, seit einem Jahr und zwei Monaten. Wir sind auf der Silvesterparty eines gemeinsamen Freundes zusammengekommen, nicht ganz nüchtern, aber auch nicht ganz unerwartet. Seitdem ich sie kenne, gefällt sie mir, aber sie hatte lange Zeit einen Freund, und der hatte einen ganz anderen Stil als ich, also dachte ich, sie steht mehr auf Rocker-Typen. Eigentlich dachte ich, dass sie ein recht einfaches Mädchen ist, aber doch irgendwie interessant. Manchmal schien sie ganz selbstgenügsam zu sein, mehr noch, sie wirkte hochnäsig, manchmal einfach nur labil, manchmal ganz erschreckend hinfällig, aber immer blieb ein kleiner Teil, der undurchschaubar aufregend war, auch wenn das nicht für jeden so eindeutig war. Seit einer Weile hatte ich mich in den Pausen länger mit ihr unterhalten, weil sie zum Rauchen in dieselbe versteckte Ecke kam wie ich und meine Kumpel. Später quatschten wir immer mehr, nicht nur in den Pausen und nicht nur im Raucherversteck, sondern auch beim Billardspielen am Nachmittag und freitags auf den Partys. Ich spürte, dass sie mich mag, aber ich war mir nicht sicher, ob das nur bedeutete, dass sie gerne mit mir herumhing, oder ob sich zwischen uns mehr entwickeln könnte. Und dann lud mich, wie gesagt, dieser gemeinsame Freund, ein Klassenkamerad von ihr, zu seiner Party ein, aber so, dass er sagte, die Juli wird auch da sein. Da ahnte ich schon, dass ich auf dem richtigen Weg war. Die Party wäre für sich allein genommen nicht besonders erwähnenswert, wir waren zu viele, zu wenige hatten was zu trinken mitgebracht, man musste schon vor Mitternacht zur Notreserve greifen, mir hatte noch dazu einer die Zigaretten geklaut, was mich ziemlich nervös machte. Ich wusste auch, wer es war, und wollte halb betrunken zu ihm hingehen, um ihn zur Rede zu stellen, ich hatte sogar beschlossen, ihm, wenn er die Unverschämtheit hätte, es abzustreiten, in die Fresse zu hauen. Aber bevor es dazu gekommen war, trat Juli an mich heran und fragte ein bisschen dümmlich nur, Na, du, aber dabei schaute sie so nett, dass meine Wut gleich verraucht war. Ihr dichtes, hellbraunes Haar war ein wenig zur Seite geflochten, so, wie ich es vorher noch nie gesehen hatte, doch es gefiel mir sehr. Und als sie mich anlächelte, blitzten zwischen ihren ungeschminkten Lippen ebenmäßige weiße Zähne hervor, und die leicht sommersprossige, helle Haut kräuselte sich über ihrer Nasenwurzel. Na, sagte ich zu ihr, ich häng hier nur so herum, und versuchte dabei charmant zu grinsen. Wollen wir draußen eine rauchen, fragte sie, ich antwortete mit einem Nicken und sah mich, während wir schon auf dem Weg nach draußen waren, um, ob ich den Zigarettendieb irgendwo sah, aber der war schon verschwunden.

Draußen war dichter Schneefall, also zogen wir uns unter das Vordach zurück. Ich nahm eine Zigarette und gab ihr dann die Schachtel zurück, und sie nahm sich auch eine. Als ich ihr Feuer gab, nahm sie meine Hand mit dem Feuerzeug und zog sie leicht an sich heran. Das war schon unzählige Male zwischen uns vorgekommen, wenn wir in den Pausen rauchten, anders berührten wir uns nie, nur wenn ich ihr Feuer gab, aber diesmal sah sie mich dabei so an, dass diese unbedeutende kleine Bewegung plötzlich Gewicht bekam. Dann geschah doch nichts weiter, sie ließ meine Hand los, und ich fing, verlegen wie ich war, an, vom Zigarettendiebstahl zu erzählen. Die Sache schien sie zu interessieren, sie sagte, sie hasse den Typen auch, und schade, dass ich ihm schließlich doch keine reingehauen hätte. Ein Thema und eine Zigarette folgten auf die anderen, ich weiß nicht, wie lange wir insgesamt draußen waren, aber ich war schon ganz durchgefroren, wir kamen erst zu uns, als wir hörten, dass sie drinnen angefangen hatten, rückwärts zu zählen. Wir rannten hinein und verloren uns in der laut brüllenden und höhnisch johlend die Hymne singenden Menschenmenge aus den Augen. Ich wurde von meinen Freunden mitgerissen, sie füllten mir aus einer wer weiß wie dorthin gekommenen Flasche Jägermeister fast ein Dezi in mein Glas, und ich musste es mit ihnen zusammen auf einen Zug austrinken. Die schreiende, hin und her hüpfende Menge und natürlich der Alk führten dazu, dass ich ganz vergaß, dass ich Juli eben noch suchen wollte, umso mehr freute ich mich, als mir jemand von hinten auf die Schulter tippte. Ich drehte mich um und sah, dass sie es war. Ein frohes neues Jahr, sagte sie und hob ihr Glas zum Anstoßen, aber meins war schon leer. Als sie das bemerkte, stellte sie ihr eigenes Glas hin, packte mich plötzlich am Nacken, zog mich zu sich und küsste mich lange auf den Mund.

Der Bus fährt wegen der vereisten Straße langsamer als nötig, denke ich, aber ich erwähne das nicht, ich will sie nicht damit nerven, auf die Uhr schaue ich auch nur verstohlen, damit sie nicht merkt, dass ich mir Sorgen mache. Sonst reden wir nicht viel miteinander, sie hat vorhin noch gesagt, dass sie nicht schlafen konnte und jetzt sehr müde sei, daraufhin habe ich ihr bedeutet, sie solle ihren Kopf auf meine Schulter legen und sich ausruhen. So sitzen wir jetzt, ich unbewegt, um sie nicht zu wecken, sie gegen mich gelehnt, ihr Kopf wackelt, wenn der Bus über Unebenheiten fährt. Diese Reise hat eine gewisse vermasselte Harmonie, fällt mir ein, und dass wir eigentlich gar nicht reden müssen, wir verstehen einander auch so ganz genau. Wir sind hier, und was außer uns ist, ist vollkommen uninteressant, wenn auch irgendwie bedrohlich. Plötzlich spüre ich, dass sie zittert, erst denke ich, nur wegen der Kälte, also streiche ich etwas schneller ihren Rücken, aber als sie ihr Gesicht zu mir dreht, sehe ich, dass sie weint. Sie weint tonlos, manchmal erbebt sie. Na, sage ich, alles wird gut, sage ich wieder wie ein Idiot, dem nichts Besseres einfällt, aber ich bin ja auch wirklich ein Idiot. Meine Mutter hat mich schon wieder angebrüllt, flüstert sie, sie hat gebrüllt, dass ich sie ständig im Stich lasse, dass schon wieder alles an ihr hängen bleibt. Julis Großmutter hat vor einigen Jahren einen Hirnschlag erlitten, sie ist vollständig gelähmt, aber die alte Frau ist so zäh, dass sie nicht daran gestorben ist, sie hat nur ihrer Familie das Leben furchtbar erschwert. Das weiß sie selber, sie macht auch den ganzen Tag nichts anderes, als zu heulen und ihre Familienmitglieder zu beschimpfen oder sie wegen irgendetwas anzuflehen. Das Wechseln der Windel und des Lakens ist Julis Aufgabe, denn ihre ältere Schwester wohnt bereits bei ihrem Verlobten, ihr Vater ist zu nichts zu gebrauchen und ihre Mutter kann nicht alles allein bewerkstelligen. Kümmere dich nicht drum, flüstere ich ihr zu, während ich ihr die Tränen aus dem Gesicht wische, kümmer dich um nichts, es wird alles wieder gut, sage ich noch einmal und hasse mich dafür.

Der Bus verlangsamt, weil wir eine rote Ampel vor uns haben, das bedeutet, dass wir es nicht mehr weit haben, ich kann endlich auf die Uhr schauen, es ist neun Uhr, in einer halben Stunde schaffen wir es locker. Bis zur Endhaltestelle sind es noch zwei Ampeln, dort steigen wir aus, spazieren bis zur ersten Straßenbahnhaltestelle, von dort aus sind es nur noch ein paar Stopps. Ich schaue aus dem Busfenster, an der Kreuzung um uns herum sind alle möglichen Autos, mir fällt ein, wie sehr ich es als Kind mochte, den Autos zuzuschauen, ich erkannte sie schon von Weitem und zählte, wie viele West- und wie viele Ostwagen innerhalb einer Stunde vorbeikamen. Was ist, fragt Juli, nichts, ich hab nur nachgedacht, antworte ich, du solltest es lassen, sagt sie leise und schaut nun auch aus dem Fenster. An einer Straßenecke hilft man gerade einer alten Oma auf, die ausgerutscht ist, sie hätte sich den Oberschenkelhals brechen können, schießt es mir durch den Kopf, aber wie schlimm es sie tatsächlich erwischt hat, kann ich nicht mehr sehen, denn wir fahren weiter und biegen in die Einfahrt der Endhaltestelle ein.

Als wir zur Straßenbahnhaltestelle spazieren, hängt sich Juli plötzlich bei mir ein, für einen Moment verliere ich dadurch auch das Gleichgewicht, ich weiß eigentlich nicht so richtig, wie es nun um uns steht. Wir sind zusammen, das ist nicht die Frage, aber es hat sich eine gewisse Distanz entwickelt und auch eine gewisse Verlegenheit. Ich sage nichts, ich drücke nur mit meinem Ellbogen vorsichtig ihre Hand gegen meinen Körper, ich glaube, darüber freut sie sich.

Ich kann mich an die Tage erinnern, als die Situation anfing, verdächtig zu werden. Vor ihr hatte ich nicht viel mit Mädels zu tun, konkret mit einer anderen, und auch das hielt nicht länger als eine Nacht, mit Juli jedoch nahmen wir den Sex von Anfang an ziemlich ernst. Es war für uns beide neu, es so zu machen, regelmäßig, immer befreiter und immer neugieriger. Nach einer Weile benutzten wir kein Kondom mehr, weil sie sagte, sie bekomme ihre Tage immer ziemlich pünktlich, sie könne ausrechnen, wann es erlaubt ist und wann nicht. Davon verstehe ich nichts, sagte ich, aber wie du willst.

Mich interessierten die verschiedenen Methoden nicht besonders, ich wollte mit ihr schlafen, so oft wie möglich, nur das interessierte mich, wenn sie also sagte, es sei sicher, würde ich nicht derjenige sein, der sich zierte. Und dann rief sie mich eines Tages an, dass etwas nicht stimmt. Was, fragte ich, ich hab meine Tage nicht bekommen, sagte sie, vielleicht kommen sie nur zu spät, sagte ich, normalerweise nicht, entgegnete sie gleich, und dann schwiegen wir lange, und schließlich einigten wir uns, dass sie sich noch eine Woche gab, wer weiß, vielleicht ... Nichts geschah und ich war ganz durcheinander, ich hatte das Gefühl, mein gesamtes Leben wäre ruiniert, wenn sie jetzt wirklich schwanger war, besonders, wenn sie es auch noch behalten wollte. Ich war ein Egoist, obwohl ich beschloss, dass ich ihr immer zur Seite stehen würde und egal, was sie für ein Theater veranstaltet, ich würde mich nicht aufregen. Ich sah ein, dass es für sie viel schlimmer war als für mich, obwohl es für mich auch nicht leicht war, trotzdem war ich ein Egoist, ich fing an, mich selbst zu bedauern. Wenn ich meine Eltern beim Frühstück sah, schämte ich mich und bedauerte mich, wenn ich mich mit meinen Kumpels traf, fand ich, dass sie mehr Glück hatten und unbeschwert waren, aber ich konnte ihnen natürlich nicht sagen, warum ich so schlecht gelaunt und reizbar war. Aber das Schlimmste war, dass ich Juli für alles verantwortlich machte. Ich sprach es nie vor ihr aus, aber in niederträchtigeren Momenten dachte ich durchaus, dass das alles ihretwegen passiert war, sie hat mich in diesen Wahnsinn mit hineingerissen, und wer weiß, vielleicht hat sie es sogar mit Absicht getan. Und dann besprachen wir eines Tages, dass wir nach der Schule zur Apotheke gehen und einen Schwangerschaftstest kaufen. Ich hatte Angst, dass mich jemand sieht, aber Juli sagte, ich müsse nicht mit ihr hineingehen, das wäre auch für sie peinlicher. Ich wartete draußen auf sie, stand auf der anderen Straßenseite und rauchte, sah von dort aus zu, wie die Apothekerin hinter der Theke hin und her lief, nach etwas suchte, es dann Juli gab und sie gemeinsam zur Kasse gingen. Ich wusste, wenn mich jetzt einer sah, konnte er mich mit vollem Recht für einen feigen Wurm halten, aber ich hatte keine Ahnung, wie man so etwas richtig machen könnte. Als sie wieder bei mir stand, sagte sie, dass sie zwei verschiedene gekauft habe, sicherheitshalber. Wir waren der Meinung, dass es am besten war, wenn sie den Test jetzt sofort machte, also gingen wir zu unserem Stammlokal, wo wir uns jeden Nachmittag mit den Klassenkameraden und ein, zwei älteren Kumpels trafen, um Billard und Darts zu spielen und Bier zu trinken. Meine Mutter hasste das, anfangs wollte sie mir dieses nachmittägliche Biertrinken auch verbieten, aber ich ließ mich nicht kleinkriegen. Ich achtete immer darauf, nicht zu viel zu trinken, im Allgemeinen waren zwei Gläser das Maximum, aber dass ich nach der Schule nirgends hingehen sollte, ließ ich mir nicht bieten. Wir betraten die Kneipe, zum Glück war es noch recht früh, unsere Kumpel waren noch nicht da, und der Typ an der Theke sah sich gerade irgendeine Serie an, unser Erscheinen ließ ihn völlig kalt. Wir gingen nach hinten, in den halbdunklen kleinen Raum, und setzten uns auf ein abgewetztes

Sofa. Ich geh dann mal raus, sagte Juli und deutete mit dem Kopf Richtung Klo. O.k., sagte ich, ich wollte selbstsicher erscheinen, versuchte die Sache locker zu nehmen, dennoch war eine furchtbare Anstrengung in meiner Stimme. Ich weiß nicht, wie lange ich auf sie wartete, ich hatte mir vorgestellt, dass selbst diese wenigen Minuten ungeheuer lang erscheinen würden, gemessen daran war sie unglaublich schnell wieder zurück. Als hätte mir die Zeit einen Streich gespielt, ich hätte erwartet, dass alles sich verlangsamt, aber nein, die Dinge liefen mit kaum nachvollziehbarer Schnelligkeit ab. Sie war weiß wie die Wand, und ich sah ihr an, dass sie gleich in Tränen ausbrechen würde, was sollte ich jetzt noch fragen, ich kannte die Antwort bereits, aber irgendwas musste ich dennoch fragen. Was ist los, presste ich trocken hervor und spürte einen Würgereiz. Sie setzte sich neben mich und nickte einmal stumm, lehnte sich dann nach hinten und ließ sich ins Sofa sinken, als würde sie sich vor meinen Augen unsichtbar machen wollen. Vom Eingang her hörte ich die Stimmen der anderen, die unter Geschrei und Johlen gerade ankamen, verdammte Scheiße, sagte ich und nahm ihre Hand, die kalt war und knotig wie tiefgekühlte Erbsen.

Wir steigen aus der Straßenbahn aus und sie hakt sich sofort wieder bei mir ein, aber diesmal drücke ich sie nicht an mich, ich lasse nur zu, dass sie ihre Hand dalässt, in meinen Arm verschlungen. Wir gehen durch den Park, am anderen Ende ist der Eingang des Krankenhauses zu sehen, wir gehen die Steintreppen hoch, hinter der Schwingtür sehen wir die Wartehalle. Es sind nicht viele da, wir treten ein, und ich habe auf einmal das Gefühl, als wären alle Augen auf uns gerichtet, gleichzeitig bleiben wir unbemerkt, genauer gesagt unbedeutend in diesem schäbigen, alten Saal. Am Aufnahmeschalter fragen wir, wohin wir gehen müssen, der Mann hinter dem kleinen Fenster mustert uns beide ausgiebig und zeigt dann zum Ende des Flurs, dort nach rechts, von dort aus sehen Sie es dann schon, sagt er. Und tatsächlich, als wir abbiegen, sehen wir es, zehn bis zwölf Frauen verschiedenen Alters warten, manche hockend, manche auf den Krankenhausbänken sitzend, manche auf und ab gehend. Juli klopft an einer Tür, dreht sich dann zu mir um und sagt, warte hier auf mich. Ich mache einen Schritt zurück und lehne mich an die Wand, ich traue mich gar nicht, mich umzusehen, mir ist schwindlig, ich stütze mich mit beiden Handflächen ab und schließe die Augen. Als wären die Mauersteine um mich herum weich geworden und ich könnte mit meinen Händen langsam in die rohe Materie eintauchen, ich fange an, die feuchte Masse zu kneten, aber dann spüre ich plötzlich doch die Härte der Wand, mit meinen Nägeln kratze ich angewidert über die Ölfarbe. Langsam lässt meine Beklemmung nach, ich öffne die Augen und schaue mir die Anwesenden an, es ist kein Mann unter ihnen, ausgenommen die Ärzte, die von Zeit zu Zeit über diesen Teil des Flurs laufen. Ich horche, aber ich kann nicht verstehen, worüber um mich herum gesprochen wird. Dann erscheinen zwei Gestalten in der Biegung des Flurs, wo auch wir hergekommen sind, eine ältere Frau in einem billigen Kunstledermantel und ein sehr junges Mädchen.

Um welche es wohl geht, frage ich mich, aber es stellt sich schnell heraus, als beide ihre Ausweise hervorholen und die Jüngere ihren der Älteren gibt. Hier, Mutti, sagt sie und fragt, meinst du, ich muss gleich rein? Bleib du nur hier, antwortet die Ältere, sie machen erstmal nur die Papiere. Sie will gerade anklopfen, als die Tür aufgeht und Juli herauskommt, ihr Gesicht, als wäre es aus Porzellan, vollkommen glatt, schneeweiß und unbewegt. Was war, frage ich, nichts, sagt sie und fügt dann hinzu, der Assistent hat gemeint, ich hätte Glück, dass ich schon achtzehn bin, sonst wäre es viel komplizierter. Kaum, dass sie das ausgesprochen hat, sieht sie das Mädchen, das neben uns steht, ich sehe ihr an, dass sie darüber nachdenkt, wie alt das Mädchen sein mag, ich tippe auf fünfzehn. Wir gehen ein Stückchen von ihr weg, dann lehne ich mich wieder an die Wand, Juli steht vor mir und streichelt meine Schulter, als wäre ich derjenige, den man beruhigen muss. Mit dieser Bewegung demütigt sie mich bis auf die Knochen. Es wird alles so sein, wie es die Schwester gesagt hat, sie werden mich gleich reinrufen und du musst erst am Nachmittag wieder hier sein. Ich kann nichts sagen, ich kann sie auch nicht ansehen, ich schaue zu Boden, während ich nicke. Ich versuche, mich zusammenzureißen, ich weiß, dass ich lächerlich wirke, wie ein verzweifelter kleiner Junge, und dass ich jetzt sehr nah dran bin, alles zu verderben, aber ich habe keine Kraft in meinen Armen, alles an mir ist taub, und die blödesten Gedanken gehen mir im Kopf herum. Ob die Punktgrenzen bei der Aufnahmeprüfung an der Uni dieses Jahr wohl höher sein würden als zuletzt, letztes

Jahr hätte ich es geschafft, vor zwei Jahren nicht. Einmal habe ich meine Mutter durch das Schlüsselloch ausgespäht, ich war vier oder fünf Jahre alt, ich weiß nicht, was mich dazu bewogen hat, ihr Unterleib war mit Unmengen schwarzer Haare bedeckt. Und wie sehr ich heute Letscho mag, obwohl ich vor einigen Jahren nicht einmal bereit war, es zu kosten, ich war maximal bereit, das Brot zu essen, das ich in den Saft tunkte, und heute ist Letscho eines meiner Lieblingsgerichte. Ich werde beinahe ohnmächtig, nur dass die Leute um mich herum anfangen, ihre Sachen zusammenzuklauben und sich zu verabschieden, bringt mich wieder zu mir. Es scheint loszugehen, sagt Juli, und da merke ich erst, dass sie immer noch ihre Hand an meiner Schulter hält. Ich streiche mit meiner Handfläche über ihren Handrücken, aber meine Haut ist so verschwitzt, dass ich einen glänzenden Streifen an ihr hinterlasse. Sie lacht auf, aber ich schaue nur meinen Schweiß auf ihrer Haut an. Als wäre ich zu einem Kriechtier geworden.

Beim ersten Versuch komme ich nicht weit, ich setze mich auf die vereiste Bank vor dem Eingang des Krankenhauses und zünde mir eine Zigarette an. Ich schaue mir die Passanten auf der Straße an, ich hasse und beneide sie, mich selbst verachte und bedauere ich, und an Juli wage ich in diesen Augenblicken gar nicht zu denken. Aber es ist schwer, dem Ansturm der Bilder zu widerstehen, wie sie sie ausziehen, ob sie dabei zu weinen anfängt oder nicht einmal mehr weinen kann, ob sie nett zu ihr sind oder sie herablassend behandeln, mit wem sie in ein Zimmer kommt und wie das Mädchen, das wir gesehen haben, damit umgeht? Normalerweise spucke ich nicht aus, aber diesmal sammle ich die Spucke in meinem Mund, lasse sie mit meiner Zunge ein wenig kreisen und puste sie schließlich zusammen mit viel Luft aus. Ausgerechnet in dem Moment, als eine Frau vor mir vorbeigeht, eine Ärztin oder eine Pflegerin, ich weiß nicht, unter ihrem Wintermantel lugt ein weißer Kittel hervor und sie trägt keine Schuhe an den Füßen, sondern Clogs, sie muss also irgendwo aus der Nähe gekommen sein. Na, das war ja schön, sagt sie, und ich schaue sie auf eine Weise an, dass ihr klar werden muss, dass es besser für uns beide ist, wenn sie jetzt schnell weitergeht. Sie geht auch weiter, ich würde ihr gerne etwas hinterherrufen, aber ich nehme dann doch lieber noch einen letzten Zug von der Zigarette und lasse die Kippe wegschnippen, sie landet ungefähr an der gleichen Stelle wie die Spucke zuvor.

Meine Mutter denkt, wir sind zum Einkaufen gekommen, irgendwas musste ich mir ausdenken, und in letzter Zeit waren wir aus anderen Gründen kaum mehr hier, also habe ich ihr die Geschichte aufgetischt, dass ich wieder was brauche. Schon wieder eine Hose, sagte sie und sah mich verständnislos an, als ich es zum ersten Mal zur Sprache brachte, aber ihr habt doch neulich erst die Cordhose mit den Eingrifftaschen gekauft, die hat auch eine Menge Geld gekostet. Im Übrigen war es die Idee der Gemeindeschwester, dass wir heute kommen sollen, sie wusste, dass es keinen Unterricht gab, sie hat auch gleich ihre Bekannte angerufen, um den Tag im Krankenhaus für uns fix zu machen. Sie war ziemlich verständnisvoll, dabei hatte ich schon damit gerechnet, dass sie eine Predigt über das Sakrament des Lebens und die unschuldig vernichtete Leibesfrucht hält. Der Grund für meine bösen Vorahnungen war, dass sie uns im Rahmen des Aufklärungsunterrichts in der Schule den Film *Stumme Schreie* gezeigt und dabei ein furchtbar ernstes Gesicht gemacht hatte, aber wahrscheinlich war das ihre Dienstpflicht gewesen, denn als wir zu ihr rein sind und ihr erzählt haben, was los ist, hat sie sich ganz anders verhalten. Obwohl, ich verstand nicht ganz, wieso sie am Ende unseres letzten Treffens sagte, wenn wir zusammenbleiben und eine Familie gründen, sollen wir sie zur Taufe einladen. Wollte sie uns auf diese Weise Mut zusprechen oder hat die Situation plötzlich auch sie ganz verwirrt?

Ich nehme nicht die Straßenbahn, es tut gut, spazieren zu gehen, und ich habe auch Zeit, ich muss zwar durch die halbe Stadt, aber macht nichts, wenigstens wird der Kopf durchgelüftet. Ich glaube, ich habe mich richtig entschieden, mich nicht an der hiesigen Uni zu bewerben, ich muss raus aus dieser Gegend, weit weg, woandershin, nur noch zurückkommen, wenn es sich nicht vermeiden lässt. Ich hasse diesen Ort nicht, er interessiert mich nur einfach nicht. Ich wate durch Schnee, gehe vor mich hin, bald bin ich auf dem Hauptplatz, der trotz seiner Weitläufigkeit unglaublich niederschmetternd sein kann, leer, grau und selbstgefällig wie er ist. Ich spaziere unter den Arkaden entlang, komme am Ende der Promenade an eine Straßenkreuzung, und auf der anderen Straßenseite sehe ich auch schon das Geschäft, in das ich wollte. Über dem Eingang hängt eine blaue Neonaufschrift: *David's*. Wahrscheinlich heißt der Besitzer Dávid und er wollte seinem Laden einen amerikanisch klingenden Namen verpassen, aber das war eine ziemlich unglückliche Wahl. Es ist noch niemand drin, die Verkäufer ordnen etwas in den Regalen, sie haben erst vor etwa zehn Minuten geöffnet. Hallo, können wir helfen, fragt der eine, aber so unsicher, als könnte er gar nicht recht glauben, dass sie schon einen Käufer haben. Ja, ich bräuchte eine Hose, sage ich, und dann beschreibe ich ungefähr, woran ich so gedacht habe, aber selbst diese kurze Rede erschöpft mich dermaßen, dass ich gegen Ende fast schon nach Luft ringen muss, und um darauf zu achten, ob ich zusammenhängend spreche, fehlt mir endgültig die Kraft. Meine Mutter hat natürlich recht, diese Hose ist überflüssig, aber was hätte ich sagen sollen, für Schuhe hätte ich um zu viel Geld bitten müssen, und wegen eines T-Shirts oder eines Oberteils wären wir wohl kaum beide bei der größten Kälte hergefahren. Blieb nur die Hose als mittelgroße Lüge, und jetzt bin ich hier, höre dem Verkäufer zu, der versucht, zusammenzufassen, was sie alles dahaben. Ich würde ihm gerne sagen, dass er sich das sparen könne, das Ganze ist nur eine Komödie, es interessiert mich nicht die Bohne, was ich da kaufe, Hauptsache irgendetwas, ich muss die Beute zu Hause vorzeigen, um jedes weitere Nachfragen und jeden erwachenden Verdacht bezüglich unseres heutigen Ausflugs zu unterbinden. Der junge Verkäufer ist ziemlich hilfsbereit, ich sage ihm meine Größe, er verschwindet, aber wenige Sekunden später steht er schon wieder vor mir, mit einem großen Haufen zusammenge-

falteter Hosen im Arm, er deutet mit dem Kopf Richtung
Anprobekabinen. Nachdem ich den Vorhang hinter mir
zugezogen habe, bin ich endlich etwas beruhigt, ich bin
allein, es ist warm, es herrscht Halbdunkel, ich könnte
den ganzen Tag hier verbringen, denke ich, während ich
natürlich weiß, dass wenn ich nicht innerhalb von fünf
Minuten wieder auftauche, der Verkäufer sofort mit den
üblichen Fragen auf der Matte steht, »na, wie ist es« oder
»passt die Größe«. Mit einem Wort, ich muss den Hosen-
stapel vor mir durchprobieren, aber da mir die Geduld
dazu fehlt, wähle ich die einfachste Taktik, ich bleibe bei
der ersten, die bequem und von passender Länge ist. Zu
meinem Unglück muss ich dafür sogar drei anprobieren,
aber ich glaube, alles in allem sind auch so nicht mehr
als zehn Minuten vergangen. Für einen Moment schaue
ich zu meinem Spiegelbild, sie steht mir, schießt es mir
durch den Kopf, und sofort schäme ich mich deswegen.
Wen interessiert's, ob sie mir steht oder nicht, wen kümmern die Linien der Taschen, die Knitterfalten im Knie
und wie das Hosenbein auf die Schuhe fällt und was für
eine interessante Farbnuance der blaue Samt hat, was
bin ich denn für ein Mensch, dass ich mich mit so etwas
beschäftige, und doch, sie steht mir einfach gut. Ich trete
schwankend aus der Kabine, und, passt etwas, fragt der
Verkäufer mit öliger Stimme, die hier, sage ich unartiku-
liert, als hätte ich nur einen Schluckauf, und schon zähle
ich an der Kasse mein Geld.

Den Rest des Tages irre ich benommen herum. Ich
kehre in ein Antiquariat ein, schaue mich ziellos um,
dann kaufe ich den Band eines amerikanischen Dichters,

aber nur, weil mir der Titel gefällt, und auch der Typ selbst kommt mir anhand des Klappentextes sympathisch vor, er hat sich kaputtgesoffen und sich mit zweiunddreißig Jahren ins Meer gestürzt. Also habe ich noch genau fünfzehn Jahre, fällt mir ein, was für eine unüberschaubar lange Zeit das doch ist. Nach dem Antiquariat esse ich in einem Schnellimbiss zu Mittag, und dann spaziere ich wieder, gehe in ein Bücherkaufhaus, alles zu teuer, aber egal, Hauptsache, die Zeit vergeht und ich muss dabei an nichts denken. Ich bleibe vor der Auslage eines Modellbaugeschäfts stehen, Modellbau interessiert mich nicht mehr oder nicht mehr so wie früher, aber der alte Reflex ist geblieben. Meine ganze Kindheit über bin ich mit einer Mischung aus Bewunderung und Aufregung hierhergekommen und mit einer gewissen Melancholie, denn ich konnte mir nicht alles kaufen, was ich sah, aber dann war ich auch beruhigt, denn alles wäre mir auch zu viel gewesen. Jetzt arbeitet nur noch die Nostalgie in mir, und auch die ist vielleicht falsch oder zumindest ist sie bequem, denn es war doch eine einfachere Welt, als in einem einzigen Geschäft Platz für all meine Träume war. Ich schaue mir die Figuren mit ihren ausdruckslosen Gesichtern an, die sonnengebleichten Panzer und Flugzeuge, die Miniatur-Menschen, manche 1:35, andere 1:72 verkleinert, und ich denke daran, wie groß wohl ein zehn Wochen alter Embryo sein mag, kleiner oder größer als dieser Wehrmacht-Soldat, der gerade eine Handgranate auf einen russischen Panzer wirft.

Um vier Uhr am Nachmittag bin ich pünktlich wieder am Krankenhaus. Ich muss daran denken, was die

Gemeindeschwester gesagt hat, dass wir, wenn alles in Ordnung ist, sofort nach Hause gehen können, wenn sich aber eine Komplikation ergeben hat oder auch nur ein kleiner Verdacht da ist, können sie sie bis zum nächsten Tag drin behalten. Das könnten wir dann schon schwerer erklären, denke ich, und bevor ich hineingehe, um mich beim Portier zu erkundigen, zünde ich mir noch eine an, als könnte ich daraus Kraft schöpfen. Es wird mir flau im Magen, ich muss beinahe erbrechen, aber schließlich bleibt doch alles drin, der Hamburger, die Pommes, die Cola und die Bitterkeit. Im Wartesaal sind jetzt viel weniger Leute als am Morgen, der Portier ist derselbe, aber er erkennt mich nicht. Was sagt man in so einem Fall, soll ich versuchen, es blumig zu umschreiben, oder soll ich gleich auf den Punkt kommen? Guten Tag, sind Besuche bei der Frauenheilkunde schon erlaubt, frage ich etwas unbedarft, in was für einer Angelegenheit, fragt er, wir sind heute früh gekommen, sage ich, Abort, fragt er wieder, mit trockener, farbloser Stimme, bestimmt spricht er Zähne ziehen und Mandeln herausnehmen genauso aus, ja, sage ich, ja, sagt auch er und fragt dann pflichtschuldig, ob ich denn wisse, wo ich lang muss. Auch dass ich diese Frage mit Ja beantworten kann, ist eine Art Wendepunkt, fällt mir ein. Auf dem Flur, wo wir uns in der Früh verabschiedet haben, steht jetzt keiner, wohin sind die vielen namenlosen Frauen verschwunden, frage ich mich, eine vollkommen lächerliche Frage, denn keine von ihnen ist ja namenlos, nur, weil ich sie nicht kenne. Und plötzlich kommt mir in den Sinn, dass ich ein Außenstehender bin, dass ich dieses Ganze schlussendlich überhaupt nicht begreifen, dass ich maximal die Position eines mitfühlenden Parasiten einnehmen kann. Ich bin ein Mann, jetzt bin ich zu einem geworden und nicht früher, als wir Liebe miteinander machten, sondern jetzt, da ich einsam und dumm auf dem zugigen Flur der Abteilung für Frauenheilkunde stehe.

Ich will gerade anklopfen, als eine Schwester aus der Tür kommt. Verzeihung, sage ich und halte sie auf. Wie kann ich helfen, fragt sie und schaut mich verständnislos an, und dadurch fühle ich mich noch mehr wie ein Eindringling. Verzeihung, sage ich noch einmal, ich möchte mich nach einer Patientin erkundigen. Sie ist natürlich nicht so eine Patientin, sie ist nicht krank, aber was könnte ich stattdessen sagen? Ich diktiere ihr den Namen, sie memoriert ihn kurz und geht dann wieder zurück hinter die Tür, durch die sie herausgekommen war. Ich warte, ich rechne damit, dass sie gleich zurückkommt und sagt, alles ist in Ordnung, ich müsse nur noch ein wenig Geduld haben. Ich stelle mir auch vor, was wäre, wenn sie sagt, dass es ein Problem gibt, sie würde mich Platz nehmen lassen und mir erklären, was für eine Komplikation aufgetreten ist. Ich warte, trete von einem Bein aufs andere, bis die Tür wieder aufgeht und Juli erscheint, mit zotteligem Haar, eingefallenen Augen, in einem Krankenhauskittel. Ich gehe zu ihr hin und umarme sie, ich spüre, wie kraftlos sie ist, sie zerfließt beinahe zwischen meinen Armen, und als ich sie loslasse, steht sie so kraftlos da, als hätte man ihr alle Knochen gebrochen. Wie geht's dir, frage ich, mir ist schwindlig, sagt sie, aber sonst gut. Wir schauen einander an, wir weinen nicht und lächeln auch nicht, es ist einfach etwas geschehen, über das wir uns nicht freuen können, aber es bereuen können wir auch nicht. Im Übrigen war es schrecklich, sagt sie, sie machen es am Fließband, sie ziehen grade mal die Vorhänge zu, aber selbst so habe ich noch die, die gegenüber lag, gesehen. Wir schweigen, und dann haben sie ihr ein Stück Gaze in die Hand gegeben, fügt sie langsam hinzu, dass sie sich damit das Blut abwischen soll. Ich sehe, wie ihre Knie zittern, ich sehe, dass sie friert, dass sie verwirrt ist, Angst hat, müde ist, beinahe zusammenbricht, ich trete an sie heran, um sie noch einmal zu umarmen, und da steigt mir ein seltsamer, süßlicher Geruch in die Nase, der ihr entströmt. Ich habe diesen Geruch noch nie wahrgenommen, ich kann ihn mit nichts vergleichen, aber ich lasse sie nicht los, ich umarme sie immer enger und atme dabei den Geruch ein, um ihn nie wieder zu vergessen. Ist gut, sagt sie und befreit sich aus meiner Umarmung, ich hole gleich meinen Kram. Als sie sich umdreht, sehe ich, dass ihr Kittel unter ihrem Hintern voller Blut ist, aber ich sage nichts, das Blut sieht getrocknet aus, es muss Stunden her sein, dass es ausgeflossen ist. Ich schaue ihr nach, wie sie zurückschlurft, ausgelaugt und schmutzig, spüre ihren Übelkeit verursachenden Geruch in der Nase, und obwohl es furchtbar schwer ist, das jetzt so einfach auszusprechen, aber ich glaube, ich liebe sie sehr. Sie öffnet die Tür und ist gleich hinter ihr verschwunden, im allerletzten Moment dreht sie sich doch noch einmal um. Und, hast du die Hose gekauft, fragt sie, und ich weiß auf die Schnelle gar nicht, wovon sie spricht. Die Hose, frage ich stammelnd, ja, ist sie da drin, fragt sie und zeigt auf die Plastiktüte, die neben meinem Fuß liegt. Ach so, ja, bringe ich endlich hervor und würde gerne gleich hinzufügen, dass das jetzt doch völlig unwichtig ist, und dass sie sich um sich selbst kümmern soll, alles andere sei egal, aber ich kann nichts sagen. Super, sagt sie, ich bin schon sehr neugierig, wie sie ist.

Ich lag auf dem Sofa, wer weiß, wie lange, starrte an die Decke und knautschte die Hose in meinem Schoß. Ich habe schon sehr lange nicht mehr an jenen Tag gedacht, auch Juli fiel mir nur noch selten ein, ich hatte keine Ahnung, was aus ihr geworden ist. Wir waren noch bis zum Ende des Sommers zusammen, aber unsere Beziehung war nicht mehr so unbeschwert wie früher, eine unberechenbare Anhänglichkeit hatte den Platz der Liebe eingenommen. Ich wurde schließlich an der Uni in der Hauptstadt angenommen, meine Punktzahl reichte gerade so, millimetergenau, aber ich hatte es geschafft. Für Juli reichte es hingegen nicht, vielleicht hatte sie es gar nicht so ernst genommen, ich weiß nicht, jedenfalls schien sie nicht besonders verzweifelt zu sein, dass sie zu Hause bleiben, noch mindestens ein Jahr ihre Großmutter wickeln und sich sinnlos mit ihrer Mutter streiten musste, die ihre Verzweiflung über die falschen Leute ausschütten würde. Aber was aus meiner Sicht noch wichtiger war, war die Natürlichkeit, mit der wir beide zur Kenntnis nahmen, dass wir bald in verschiedenen Städten leben würden, weit weg voneinander. Vielleicht hätten wir mehr darüber reden sollen, aber ich bin mir nicht sicher, dass wir uns dazu auch nur das Geringste hätten sagen können. Ich konnte mir vorstellen, dass wir uns ein wenig voneinander entfernen würden, und mir kam auch in den Sinn, was wohl wird, wenn wir für eine kurze oder eine längere Zeit mit jemand anderem zusammenkämen. Es überraschte mich dennoch, wie selbstverständlich alles ablief. Scheinbar hatte ich mich geirrt, als ich dachte, dass wir der Welt gegenüber unempfindlich geworden waren, nur einander gegenüber nicht. Die Wahrheit war, dass wir einander gegenüber unempfindlich geworden waren und wir Sehnsucht nach etwas anderem bekamen, nach etwas Neuem, um nicht nur unser altes Ich, sondern alles, was uns daran erinnerte, hinter uns zu lassen.

Meine Mutter klopfte an, dadurch kam ich wieder zu mir, sie öffnete die Tür und fragte ohne hereinzuschauen, vorsichtig, ob ich wach sei. Gerade aufgewacht, log ich, weil ich keine Lust hatte, einzugestehen, dass ich die ganze Zeit mit offenen Augen in mich versunken im Kinderzimmer gelegen hatte. Möchtest du irgendwas, fragte sie, nein, danke, sagte ich und fügte hinzu, ich komme gleich raus. Ich ging auch hinaus, aber ich kam nur bis zur Diele, holte aus der immer noch dort liegenden Reisetasche meinen Laptop und meine Ohrhörer heraus und schlich mich zurück ins Zimmer. Ich weiß nicht, wieso mir der Song einfiel, ich hatte wirklich schon seit Jahren nicht mehr an ihn gedacht, jedenfalls öffnete ich den Laptop und loggte mich im WLAN meiner Eltern ein. Während ich YouTube aufrief, sah ich, dass ich eine Mail von einem befreundeten Fotografen wegen der Hochzeitsbilder bekommen hatte und eine andere von meiner Verlobten. Ich konnte die Briefe nicht lesen, ich schloss auch gleich die Mailbox und fing an, nach dem Song zu suchen, aber ich konnte mich nur noch verschwommen an den Titel erinnern. Schließlich half mir Wikipedia. An jenem Abend waren wir auf dem Weg nach Hause im Bus vor Müdigkeit und der über uns hereinbrechenden Einsamkeit unfähig, irgendetwas zu reden. Juli nahm ihren Discman hervor und fing mit dem Kopf auf meiner Schulter an, die CD abzuspielen, die sie am Morgen an der Bushaltestelle gehört hatte. Ich sah zum Fenster hinaus, starrte in die Dunkelheit der Winternacht, die uns, so empfand ich es damals, einem schwarzen Loch gleich einzusaugen drohte. Juli schlief schnell ein, sie fiel praktisch ins Koma, bei einem Schlagloch fiel ihr Kopf von meiner Schulter, sie rutschte mit ihrem gesamten Oberkörper in meinen Schoß, sie wurde davon nicht einmal wach. Der eine Ohrhörer war ihr aus dem Ohr gerutscht, den anderen zog ich ihr ganz langsam heraus und steckte mir beide ins Ohr. Es lief gerade das Lied, mit dem *White Pony* endet, ich drehte den Discman etwas lauter, lehnte mich nach hinten und versank in der Musik. Auf YouTube dauerte es nicht lange, den Song zu finden, *The Boy's Republic*, das war der Titel, und obwohl er mir weniger gefiel als damals, hörte ich ihn mir etliche Male an, mit geschlossenen Augen, auf dem Sofa liegend. Als ich nicht mehr konnte, setzte ich mich wieder auf, zog mir die Ohrhörer aus den Ohren, schloss den Laptop und genoss minutenlang unbeweglich die wiedergewonnene Stille. Schließlich legte ich den Rechner neben mich, nahm die Hose und stopfte sie mit einer schnellen Bewegung unter die anderen aussortierten Kleidungsstücke. Ich saß noch ein wenig da, aber ich dachte an nichts mehr, ich sah zum Maulbeerbaum draußen vor dem Fenster und dann rief ich meiner Mutter durch den Türspalt zu, ich habe die Tüten durchgesehen, sie sind in Ordnung, sie können alle zum Roten Kreuz.

Tiefere
Schichten

Dobrý den, hallo, dobrý den, wiederholte der Mann, während er gegen meine Schulter stieß und versuchte, mich zu wecken. *Poslední zastávka, přistání*, fügte er hinzu, als ich endlich, mühsam, den Kopf hob und ihn ansah. Was ist los, fragte ich auf Ungarisch, ich wusste nicht einmal, wo ich war, es war, als versuchte der Schmerz meinen Kopf zu öffnen wie eine wurmstichige Walnuss. Ich blickte mich um, aber ich sah kaum etwas, im Halbdunkel der Straßenbahn war außer uns niemand, und draußen, jenseits der schwachen Beleuchtung der Haltestelle, lag Dunkelheit über der Stadt. *Where are we*, ich sah ins müde Gesicht des Fahrers, aber seine Vogelaugen hinter den dicken Brillengläsern schauten verständnislos zu mir zurück. Ich versuchte, die Krümel meiner während der letzten Monate erworbenen Tschechischkenntnisse aufzusammeln, obwohl mein Gehirn im Zustand zwischen Betrunkenheit und Kater vegetierte, *kde to jsme*, fragte ich schließlich, offensichtlich mit furchtbarer Aussprache. Der Fahrer beugte sich etwas näher heran, schaute durch die beschlagenen Scheiben nach draußen, sah mir dann in die Augen und sagte, während er nervös Richtung Haltestelle zeigte, Petřiny, Terminal. Wir waren an der Endstation, verstand ich langsam, das hieß, ich hatte meine Station verschlafen, jetzt durfte ich in der Kälte zurücklaufen. *Promiňte*, sagte ich mit reuiger Stimme, hievte mich all meine Kraft zusammennehmend aus dem Sitz hoch und ging los Richtung Tür, aber bevor ich ausstieg, sah ich noch einmal zurück zu ihm. Er stand immer noch da und starrte mich an, vermutlich war es nicht das erste Mal, dass er es mit einem ausländischen Studenten zu tun hatte, der nach einer durchzechten Nacht in der Straßenbahn hängengeblieben war, er behandelte die Situation mit hartnäckiger Teilnahmslosigkeit. *Promiňte*, wiederholte ich, und diesmal versuchte ich die Konsonanten besser zu artikulieren. Er antwortete mit einem Nicken, und als ich, bereits auf dem Bahnsteig stehend, fragte, *kolik je hodin*, zeigte er, anstatt zu antworten, erneut zur Haltestelle. Ich drehte mich in die Richtung, und tatsächlich, eine schäbige, aber offensichtlich funktionierende Uhr hing an der Stirnseite des heruntergekommenen kleinen Gebäudes. Es war zehn Minuten nach vier, jetzt wusste ich auch das, ich winkte ihm noch ein letztes Mal zu, obwohl er das vermutlich gar nicht mehr sah, und tappte los, zwischen den Neubauten durch, die entlang der ausgestorbenen vierspurigen Straße standen.

Ich hatte eine lange, verworrene Nacht hinter mir, und während ich mich abmühte, meinen Mantel so eng wie möglich um mich zu wickeln, versuchte ich aus den vagen Erinnerungsfetzen, die in meinem Kopf wirbelten, ein einigermaßen verständliches Bild zusammenzusetzen. Die frische, feuchte Luft half, ich spürte, wie mein Bewusstsein langsam klarer wurde, und auch die Übelkeit, gegen die ich kämpfte, seitdem mich der Straßenbahnfahrer geweckt hatte, nahm ab. Beim Aufwachen hatte mich der Brechreiz so heftig überkommen, dass ich befürchtete, die aus meinem Magen aufbrechende Masse aus Bier, Absinth und Hermelinkäse würde auf den abgetragenen Schuhen des Fahrers landen. Schließlich gelang es, das zu vermeiden, mehr noch, als das Bild des Hermelinkäses in meiner Erinnerung auftauchte, fand ich sogleich einen Anhaltspunkt zum Anfang dieser Nacht.

Wir hatten uns um sieben im Café *U zavěšenýho* in einer kleinen Straße unterhalb der Burg verabredet, und ich war, was überhaupt nicht typisch für mich war, als Erster da. Der Kellner, vielleicht erkannte er mich, vielleicht hatte er nur einen guten Tag, begleitete mich mit breitem Lächeln bis an unseren Tisch und ließ mich mit einer Speisekarte allein. Ich war am Morgen erst spät aufgewacht, wenigstens war ich ausgeruht, zur Uni ging ich aber nicht mehr. Je mehr ich mich in der Stadt heimisch fühlte, umso weniger Zeit verbrachte ich mit dem Besuch von Lehrveranstaltungen, in den letzten Wochen hatte ich kaum mehr einen Fuß in die geisteswissenschaftliche Fakultät gesetzt, und wenn doch, dann kam ich nicht weiter als bis zur Mensa. Ich war der Meinung, ich war in Wahrheit wegen der Straßen und Plätze hier, Universitätsseminare sind überall fast gleich, während Prag mit nichts zu vergleichen ist.

An diesem Tag spazierte ich in der Gegend der Kampa herum und versuchte herauszufinden, in welchem Gebäude wohl Holan gewohnt hatte. Ich suchte nicht nach dem Haus, im Gegenteil, ich machte einen weiten Bogen um jedwede Erinnerungsplakette, nicht dass ich noch die Toreinfahrt fand, ich wollte den Ort nämlich erspüren, irgendwie aus den Lichtern und Schatten, den Geräuschen und Düften der Umgebung zusammensetzen. Zum Beispiel lehnte ich lange am Balkongeländer der im Sommer als Biergarten dienenden Wassermühle, um den Geruch des verrottenden Holzes so tief wie möglich einzuatmen, damit er mich ausfüllte und ich dadurch zum verborgenen Wesen des Ortes vordringen konnte. Mit solchen und ähnlichen Dingen verbrachte ich damals einen guten Teil meiner Tage, während ich schon ahnte, dass ich in Wahrheit zynisch sein hätte wollen, ich hatte bloß noch nicht das richtige Werkzeug dafür gefunden.

Als ich genug vom Herumstreunen auf der Kampa hatte, ging ich langsam los zum abendlichen Treffpunkt. Soweit es möglich war, ging ich über unscheinbare kleine Straßen und schmutzige Gässchen Richtung Burg, um den dümmlich schlendernden Gruppen von Touristen zu entgehen, die ganze Straßen verstopften. Wie die meisten Stipendiaten, die sich länger als ein paar Wochen in einer neuen Stadt aufhalten, hielt auch ich mich schon für einen Einheimischen oder zumindest für einheimischer als die formlosen Horden, die den hochgehobenen Regenschirmen der Fremdenführer hinterherhechelten, und auch als die Wochenendbesucher, die sich nur anhand von Reiseführern orientierten und ständig einen Fotoapparat um den Hals trugen. Sie sehen nur die Oberfläche, ich erforsche permanent die tieferen Schichten, dachte ich, und wenn ich an einer Kreuzung doch einmal mit einer deutschen, niederländischen oder spanischen Gruppe zusammen warten musste, hielt ich mich dezent abseits, damit man mich nicht einmal zufällig für einen von ihnen ansah.

Das *U zavěšenýho* war an einer gefährlichen Stelle, zwar nicht im Burgviertel selbst, sondern einige Treppen weiter unten, aber immer noch innerhalb des Kreises, in dem die meisten Touristen die echten Prager Bierstuben suchten. Und ich musste einsehen, für mich war das *U zavěšenýho* eine echte Prager Bierstube, das heißt ein Kaffeehaus, auch wenn ich kaum mal einen Kaffee dort trank. Obwohl das Wohnheim, in dem wir wohnten, relativ weit weg, in der Vorstadt war, wurde diese Kneipe in der Altstadt zu unserem Stammlokal, zum einen, weil sie verglichen mit den umliegenden Lokalen sehr viel billiger war, und andererseits, weil auch das Publikum größtenteils aus Einheimischen bestand, und wir waren immer auf der Jagd nach echten Orten und einer authentischen Atmosphäre. Sobald ich herausgefunden hatte, was er bedeutete, zog mich auch der Name an, der Laden war nach dem aufgeschobenen Kaffee benannt, das heißt, wenn ich zwei Kaffee bestellte, dann bestellte ich einen für mich und einen schob ich auf, das heißt, ich lud jemanden, der gerade kein Geld hatte und hier vorbeischaute, inkognito zu einem Kaffee ein. Das kam uns mit unserer Authentizitätsmacke natürlich zupass, und es verging nie ein Treffen, ohne dass einer von uns beim Bezahlen ein oder zwei aufgeschobene Kaffee auf die Rechnung setzen ließ, obwohl wir – aber dieses Thema umgingen wir immer elegant – nie Augenzeuge davon wurden, dass hier irgendjemand einen Kaffee umsonst bekommen hätte.

Sobald der immer noch grinsende Kellner wieder zurückkam, bestellte ich einen Krug Granát und eingelegten Hermelin mit Graubrot, und dann lehnte ich mich auf dem schweren, geschnitzten Stuhl zurück und ließ den Blick durch das Lokal wandern. Die Wände waren bis Schulterhöhe mit lackiertem Fichtenholz verkleidet, an der weiß gekalkten Wand darüber hingen Gemälde in schrillen Farben. Auf den Bildern waren surreale, traumartige Szenen zu sehen, vermutlich die Arbeiten eines lokalen Künstlers, mit allen möglichen halb menschlichen, halb gegenständlichen Wesen. Ein Becher mit Augen und einem Mund, ein Mann, aus dessen Kopf Buntstifte statt Haaren wuchsen, eine Frau, die einen Teller an der Stelle ihres Gesichts hatte, und Ähnliches. Dazwischen das eine oder andere Foto mit Unterschrift von Hrabal, Clinton und Havel.

Die anderen verspäteten sich, und da es kaum mehr Sitzplätze in der Kneipe gab, wurde es immer unangenehmer, dass ständig jemand kam, um nach einem freien Stuhl zu fragen. Noch dazu musste ich, als ich mein Bier ausgetrunken hatte, Wasser lassen, und ich war noch nie gut im Zurückhalten, aber ich hatte die Befürchtung, wenn ich den Tisch verließ, würde er sofort okkupiert werden. Ich fühlte mich immer unbehaglicher und war schon drauf und dran, den Kellner zu bitten, die Plätze für mich freizuhalten, solange ich rausging, aber sosehr ich nach ihm Ausschau hielt, er tauchte nicht auf, er war vollständig in der Flut der Gäste untergegangen. Ich konnte mich kaum mehr zusammenreißen, als ich endlich Martin am Eingang erblickte, ich rief ihm zu, und als ich sah, dass er mich bemerkt hatte und auf mich zukam, floh ich, anstatt abzuwarten, bis er angekommen war, sofort in den Waschraum. Als ich erleichtert zum Tisch zurückkam, saßen sie schon alle in einer Reihe dort, Martin am Kopfende, neben ihm der bereits betrunken scheinende Rui, dann Iglika, ihr gegenüber Nastja und in der Ecke Ahmed. Ich weiß nicht, wie sie es hinbekommen hatten, aber es hatte ein jeder auch schon ein Bier vor sich stehen, sie sahen mich hinter schweren Krügen hervor verschmitzt an, vermutlich hatten sie gesehen, wie verzweifelt ich Richtung Waschraum gerannt war. Ihr wart zu spät, sagte ich, woraufhin sie in lautes Gejohle ausbrachen, und da konnte ich mich auch nicht mehr zurückhalten, ich musste selbst über mich lachen, während ich mich wieder an meinen Platz setzte.

Worüber wir uns an diesen Abenden unterhielten, kann ich nicht mehr rekapitulieren, vielleicht über das Trinken, die Politik, Sex, Geschichte und dann wieder über das Trinken und wieder über Sex. Wahrscheinlich waren es diese Wiederholungen, die eine Art heimelige

Hülle um uns zogen, und da alle Nacht für Nacht mehr oder weniger die gleichen oder zumindest sehr ähnliche Geschichten erzählten, glaubten wir bald, uns gut zu kennen. Ich wusste alles über Ruis jugendliche Drogen- abenteuer und psychedelische Trips, die er jeden Morgen am Ufer des Tejo erlebte, während er auf die Fähre war- tete. Ich kannte die Geschichte von Martins Eltern, wie seine böhmisch-deutsche Mutter über die Grenze floh und in Karlsruhe seinen aus Ostdeutschland emigrierten Vater traf. Ich wusste, in welchem Alter Iglika ihre Jung- fräulichkeit an der bulgarischen Goldküste verlor und auch, wann die Karriere von Nastjas Vater als Ingenieur an der Moskauer Universität ruiniert war. Die meisten Geschichten hatte ich natürlich von Ahmed gehört, da wir monatelang die gleichen rund zehn Quadratmeter miteinander teilten, an diesem Abend war er allerdings ziemlich schweigsam.

Als ich am Nachmittag meiner Ankunft vom Sekretariat den Schlüssel zum Wohnheimzimmer bekam, sagten sie nichts darüber, ob schon jemand da war, und wenn ja, wer. Nach einigem Suchen und Fragen fand ich meine Tür am Ende eines versteckten Korridors im zweiten Stock, und als ich eintrat, war das Erste, was ich drinnen sah, das Poster eines Fußballspielers an der gegenüberliegenden Wand. Es hätte jeder sein können, ein Mann mit dunklen Augen in seinen Zwanzigern blickte mit dem üblichen stumpfsinnigen, selbstgefälligen Grinsen in die Kamera, wie es Fußballer in diesem Alter eben tun, wobei er den Zeigefinger seiner rechten Hand auf das über seinem

Herzen aufgenähte Mannschaftslogo drückte. Ich trat näher, er trug das Trikot von Marseille, sonst gab es keinen Hinweis auf seinen Namen oder seine Nationalität, aber auf dem Tisch neben dem Plakat lag ein Buch mit arabischer Schrift, und das half, die Möglichkeiten etwas einzugrenzen. Ich habe eh noch keinen arabischen Bekannten, dachte ich, dann drehte ich mich um und fing an, meine Reisetasche auszupacken.

Bis alle meine Sachen im neuen Zimmer untergebracht waren, war ich ziemlich müde geworden, also beschloss ich, an diesem Tag nirgends mehr hinzugehen, ich las bis spät in die Nacht, wenn ich mich recht erinnere, zum zweiten Mal *Mein Herz so weiß*, aber obwohl ich ziemlich ins Buch vertieft war, spitzte ich bei jedem sich nähernden Geräusch die Ohren, ob nicht vielleicht mein Mitbewohner kam. Nichts passierte und ich schlief kurz nach neun ein, doch als ich aufwachte, fühlte ich sofort, dass ich nicht allein war. Ich setzte mich langsam auf dem Bett auf und blinzelte verschlafen zum anderen Ende des Zimmers. Ein dünner, gutaussehender Junge starrte mich mit lebhaften, kaffeebraunen Augen unter dicken Augenbrauen an. Er muss ein paar Jahre jünger sein als ich, dachte ich, oder er ist ein jungenhafter Typ. Hallo, grüßte ich ihn, mit etwas mehr gespielter Lockerheit, als es nötig gewesen wäre, und ohne abzuwarten, dass er mich auch grüßte, zeigte ich auf das Poster und fragte, wer das sei. Er schaute zum Bild hinauf, grinste, drehte sich langsam zu mir zurück, Mido, sagte er, der beste ägyptische Fußballer, und noch dazu heißt er genau wie ich.

Ich war erst seit einer Viertelstunde unterwegs, zwanzig Minuten, höchstens, aber mir kam es vor, als wäre ich schon seit Stunden durch die Kälte getrottet. Nur selten fuhr ein Auto an mir vorbei, Fußgänger sah ich überhaupt keine. Ich war nervös, es störte mich, dass ich meine Haltestelle verschlafen hatte, und auch, dass ich nicht so schnell gehen konnte, wie ich es gewohnt war, wenn ich nüchtern war. An jeder Ecke dachte ich, das ist es, hier muss ich abbiegen, aber die Straßenschilder stimmten nicht, und mir kam schon der Verdacht, dass ich wieder am falschen Ort war, vielleicht war ich wieder zu weit, nur diesmal in die andere Richtung. Ich musste ein bisschen Pause machen, Luft holen, ich setzte mich an die Kante eines Zauns und fing an, den Rhythmus der gelb blinkenden Ampel zu beobachten, die sich in einer Pfütze auf der Straße spiegelte. Nach einer Weile stampfte ich bei jedem Blinken unwillkürlich mit dem Fuß auf, und als mir auch das langweilig wurde, ich weiß wieder nicht, nach wie viel Minuten, versuchte ich weiterzugehen, doch meine Glieder fühlten sich so schwach an, dass ich mir noch eine Zigarette lang Aufschub gewährte. Der Tabakrauch schmeckte nicht, er brachte mich zum Husten, aber das leichte Kribbeln des Nikotins schien meinen Muskeln doch gutzutun. Fick dich, Ahmed, murmelte ich vor mich hin, und dann grinste ich und wiederholte es, fick dich.

Eigentlich wollte ich an diesem Tag nicht so lange unterwegs sein, vor allen Dingen wollte ich mir nicht die Kante geben, aber ich konnte Ahmed nicht im Stich lassen. Wir waren Freunde, das heißt, mit dem Fortschreiten der gemeinsam verbrachten Tage irgendwie auch mehr als das. Vielleicht, wenn ich es rechtzeitig bemerkt hätte, hätte ich es noch verhindern können, aber ich muss zugeben, dass ich geschmeichelt war, dass Ahmed mich nicht mehr nur als seinen Freund betrachtete, sondern auch als sein Vorbild, mit dem er das Glück hatte, ein Zimmer zu teilen. Er hatte einen älteren Bruder, erzählte er mir, aber den Storys über ihn zufolge muss er ein ziemliches Arschloch gewesen sein, der deutschen Hausfrauen in einem Resort am Roten Meer Cocktails und wer weiß was sonst noch servierte. Und ich fand mich plötzlich in der Rolle des guten Bruders wieder, älter, aber fast gleichberechtigt, was mir nicht viel bedeutete, aber, und das fiel mir vielleicht nicht früh genug auf, Ahmed umso mehr. Ich lachte ihn nicht aus, als er mir gestand, dass er wegen seines strengen Vaters noch nie Alkohol getrunken hatte, ich zwang ihn auch nicht dazu, aber als er sagte, er wolle es versuchen, zeigte ich ihm, wie ich es machte, schließlich hatte ich schon genug Übung. Dasselbe galt auch für den Umgang mit Mädchen und davor noch für Pornos. Es war offensichtlich, dass ihn die Sache reizte, manchmal konnte er kaum die Straße entlanggehen, er drehte sich ständig nach Frauen um, und als ich scherzte, wenn er so geil sei, warum schaue er sich dann keine Pornos an, starrte er mich mit großen Augen an, als hätte sich plötzlich das Tor zu einer neuen Welt vor ihm aufgetan. Ich erklärte ihm, wo er Porno-DVDs kaufen konnte – eigentlich an jedem Kiosk in Prag – und skizzierte auch grob, welche Genres es gab und was er meiner Meinung nach brauchte. Als er die erste kaufte, stand ich neben ihm und nickte ihm heftig zu, weil er sich allein nicht getraut hätte, es durchzuziehen, und dann lieh ich ihm auch noch meinen Computer. In jenen Jahren lief noch nicht jeder mit einem Laptop herum, von den Internetpornos gab es auch nur Vorboten, und es wäre sowieso ziemlich gewagt gewesen, sich in den ständig überfüllten Computerräumen der Uni einen Sexfilm anzuschauen. Als er mich darum bat, gab ich ihm mein Notebook und ging wortlos auf den Flur hinaus, um eine halbe Stunde zu lesen. Er kaufte dann fast jede Woche einen neuen Film, aber ich konnte sehen, dass ihn etwas beschäftigte, und als ich ihn schließlich fragte, konnte ich kaum glauben, was er antwortete, dass ihm nämlich nicht gefiele, wie sehr es diesen Mädchen wehtue, dass sie gefickt werden. Wie meinst du das, fragte ich erstaunt, warum glaubst du, dass sie Schmerzen haben, na, weil sie ständig schreien, sagte er. Als ich ihm erklärte, dass das eigentlich Zeichen des Vergnügens sein sollen, obwohl sie meistens nur so taten und das nicht einmal besonders geschickt, dachte er zuerst, ich würde ihn verarschen, ich musste mich mit ihm vor den Bildschirm setzen und einen recht einfallslosen, dazu noch ungarischen Schülerin-Lehrer-Film Szene für Szene analysieren.

Im *U zavěšenýho* herrschte gerade Hochbetrieb, man konnte kaum mehr einen Stehplatz ergattern, geschweige denn einen freien Stuhl, viele nahmen einfach ihr Bier und setzten sich draußen hin, auf die Bordsteinkante vor der Kneipe. Ich zählte nicht mit, aber ich musste inzwischen etwa bei meinem vierten oder fünften Granát angekommen sein, und als ich mich umsah, musste ich feststellen, dass mir die anderen wohl in nichts nachstanden. Martin und Rui stritten sich, sie brüllten sich wegen der Zukunft der Europäischen Union an, Rui drohte schon mit dem Austritt Portugals, und dann, nach dem nächsten Krug Bier, wandte er sich seinem Steckenpferd zu, dem amerikanisch-europäischen Krieg, auf den man seiner Meinung nach keine hundert Jahre mehr warten musste. Iglika, Nastja und ich fingen dann mit vereinter Kraft an, ihn aufzuziehen, er solle uns das detaillierter auseinandersetzen, denn beim letzten Mal hätten wir dieses oder jenes in seiner Argumentation nicht verstanden. Martin lehnte sich mit einem stoischen Grinsen zurück und gab sich dem Genuss der Rui-Show hin. Nur Ahmed sagte kein Wort, er tat natürlich so, als würde er zuhören, aber ich konnte sehen, dass er nicht wirklich anwesend war. Mit angespannter Langeweile drehte er den fast leeren Krug vor sich, und als der Kellner im Vorbeigehen fragte, ob er noch etwas wollte, antwortete er mit einem kurzen, schroffen Nein. Die Mädchen schienen es mit Rui schon hinzubekommen, ich ließ sie also ihr Ding machen und rückte lieber meinen Stuhl ein wenig nach hinten, um etwas näher bei Ahmed zu sein. Was ist los, fragte ich, hast du schlechte Laune, nein, sagte er, oder bist du müde, drang ich weiter auf ihn ein, nein, sagte er wieder, und als wäre es ihm peinlich, über solche Dinge zu reden, schloss er die Augen und schnitt eine Grimasse. Ich beugte mich näher an ihn heran, um die nächste Frage zu stellen, ob etwas mit Nastja nicht stimme? Ein langer, tiefer Seufzer war die Antwort.

Ich wusste, dass das russische Mädchen Ahmed sehr

gefiel, aber bis zum Ausflug nach Kutná Hora war ich mir nicht sicher, ob das auf Gegenseitigkeit beruhte. Wie das in solchen Stipendiensituationen üblich ist, fing jeder mit jedem etwas an, und das zeigte sich auch in der Dynamik der Gruppe beim Ausflug. Ich saß die ganze Zugfahrt über neben Iglika, und im Anschluss gingen wir auch gemeinsam durch die Stadt, obwohl sich unser gemeinsames Abenteuer schon ziemlich seinem Ende zuneigte. Martin versuchte bei einer Tschechin zu landen, die er von der Uni kannte, auch Rui hatte ein etwas mausartiges Mädchen vom Fachbereich Portugiesisch im Schlepptau, die beiden übrigen, Nastja und Ahmed waren also gezwungen, sich miteinander zu beschäftigen, wenn sie nicht den ganzen Tag schweigend verbringen wollten. Soweit ich sehen konnte, waren sie bis zum Nachmittag auch ganz warm miteinander geworden, und als wir bei der letzten Sehenswürdigkeit ankamen, musste man bereits auf sie warten, weil sie sich zurückfallen ließen und laut lachend hinter uns her spazierten, als hätten sie alle Zeit der Welt.

Es war meine Idee gewesen, das Beinhaus zu besuchen, ich hatte irgendwo einen Artikel darüber gelesen, es schien interessant zu sein, aber selbst ich war nicht wirklich auf den Anblick vorbereitet, der uns dort erwartete. Etwa vierzigtausend Skelette lagen in den Ecken der kleinen gotischen Kapelle in der Vorstadt, oder, besser gesagt, sie lagen nicht einfach nur da, sondern waren in allen möglichen Formen angeordnet, erhoben sich als eine gleichzeitig erschreckende und beeindruckende Kulisse um die geschockt zwischen ihnen herumtapsenden Lebenden. Als wir schweigend unter dem riesigen, mit

Totenköpfen, Schulterblättern und Wirbeln geschmückten knöchernen Kronleuchter stehen blieben, schauderte ich plötzlich angesichts der absurden Monumentalität des Anblicks. Dass ich erschüttert gewesen war, wäre vielleicht eine Übertreibung, denn das ganze Werk war gleichzeitig überwältigend und schön, aber auch abstoßend protzig, jedenfalls hatte ich das Gefühl, die Kapelle an einem anderen Tag zu verlassen, als ich sie, keine zwanzig Minuten zuvor, betreten hatte. Eben deswegen fiel es mir so ins Auge, dass Ahmed und Nastja genauso weitermachten wie davor, lachend und ganz offensichtlich die Welt um sich herum vollständig ausschließend. Ich freute mich für sie, dass sie so fröhlich waren, aber ein wenig fand ich sie vielleicht auch, ich finde kein besseres Wort dafür, verantwortungslos in jenem Moment, als wir im Tor des Kapellengartens von Sedlec standen.

Was ist los, fragte ich Ahmed noch einmal und stieß ihn unter dem Kneipentisch sanft in die Seite. Ich weiß auch nicht, sagte er, es ist so schwer, die Unterhaltung jedes Mal wieder von vorne zu beginnen, als würden wir immer einen Schritt rückwärts machen, denn, weißt du, setzte er nach einer kurzen Kunstpause fort, vorgestern wäre fast was passiert, das heißt, es ist auch was passiert, wir haben uns geküsst, aber nur einmal. Das ist doch auch was, sagte ich, denn etwas Sinnvolleres fiel mir nicht ein, zumal auf Englisch, und dann dachte ich, dass er vielleicht von mir erwartete, dass ich ihn ermutigte, ihn etwas anleitete, ich musste mich also zusammenreißen. Hör mal, fing ich an, entspann dich ein wenig, trink was, unterhalte dich, komm nicht verkrampft rüber, wenn es sehr offensichtlich ist, was du willst, ist das nicht gut, der Rest kommt schon von allein. Aber wenn es nicht kommt, fragte er. Das gibt's nicht, dann hast du nicht genug getrunken. Letzteres war als Scherz gedacht, aber Ahmed schien es ernst zu nehmen, er fragte nämlich ganz alarmiert, o.k., aber hier schließen sie bald, wo soll ich jetzt weitertrinken? Im Hintergrund erschien tatsächlich der Kellner mit unserer Rechnung, aber bevor wir überhaupt damit angefangen hatten, das Geld voneinander einzusammeln, stand Rui wie ein Kommandant auf und verkündete, die nächste Station sei die Absinthbar in Újezd. Ich drehte mich wieder zu Ahmed und zuckte mit der Schulter, siehst du, sagte ich, es ergibt sich alles von selbst.

Wahrscheinlich war der mit Bier vermischte billige Absinth dafür verantwortlich, dass mir derartig der Kopf pochte, als würde statt eines Gehirns eine große, haarige Spinne in meinem Kopf sitzen und mit allen acht Beinen von innen an meinem Schädel kratzen. Ich schnipste die Zigarette weg, presste meine kalte Hand gegen meine Stirn und machte mich wieder auf den Weg. Ich musste an der nächsten Ecke abbiegen und lachte leise auf, weil ich mich vorhin nicht bis hierher schleppen konnte, aber eigentlich war ich schon mit der bloßen Tatsache zufrieden, dass ich nicht irgendwie von der Landkarte geraten war.

Der Club Újezd war ein Sammelbecken für die alternative Jugend der Kleinseite, gleichzeitig Kneipe, Rockclub, Künstlerbar und Morgenasyl. Trotz der verrauchten, muffigen Luft und des sehr gemischten Publikums war es schick, hierherzukommen, aber man hatte auch kaum eine Alternative, wenn man in dieser Gegend bis zum Morgengrauen trinken wollte. Ich weiß gar nicht, ob es überhaupt eine Sperrstunde gab, es ist wahrscheinlicher, dass sie Tag und Nacht offen hatten, ich kann mich jedenfalls nicht daran erinnern, dass wir jemals aufgefordert worden wären zu gehen. Obwohl der Weg nicht weit war, dauerte es ziemlich lange, bis unsere betrunkene kleine Gruppe dort ankam, dazu brüllte Rui in dem Moment, als ich gerade die Tür öffnen wollte, von der anderen Seite der Straße herüber, nein, nein, stellt euch erst hierher! Mit hier war die schwere Marmortreppe in der Seite des Petřín-Hügels gemeint. Ich hatte gerade nicht viel Lust auf Fotos, ich dachte schon an mein Bier, aber ich wusste, dass es sich nicht lohnte, sich Rui zu widersetzen, wenn er einmal etwas so enthusiastisch verfolgte. Die Marmortreppe und die sporadisch auf ihr aufgestellten Statuen waren ein Denkmal für die Opfer des Kommunismus, aber unter uns nannten wir es nur das Zombie-Mahnmal, weil die torsoartigen, in eine schreitende Pose gestellten Bronzefiguren in der gleichen Haltung den Hügel herunterkamen wie die Untoten in den Filmen Romeros, ganz zu schweigen davon, dass sie geradewegs auf den Eingang des gegenüberliegenden Clubs zuhielten. Stellt euch einfach zwischen sie, wies uns Rui mit der Kamera in der Hand johlend an. Wir positionierten uns um die Statuen herum und taten so, als wären wir Zombies, ich stellte mich hinter eine der zerfledderten Bronzefiguren und streckte kraftlos die Arme nach vorne, als würde ich sie fangen wollen. Das taugt nichts, sagte Rui und beugte sich hinter seiner Kamera hervor, ihr seht weder wie Untote noch wie Opfer des Kommunismus aus. Wieso, was ist der Unterschied, fragte Martin, woraufhin wir alle zu johlen anfingen. Stimmt schon, sagte Rui, gar nichts, hob die Kamera wieder und blitzte uns in die Augen.

Aus dem Keller des Clubs drang verstimmte Gitarrenmusik, fast jeden Tag gab es hier irgendein Konzert auf einer vollkommen unvorhersehbaren Genreskala, mal führte eine improvisierte Band aus Kunsthochschulstudenten etwas zwischen Konzert und Performance auf, mal musizierte mit welterlösender Ernsthaftigkeit eine Punkband, bestehend aus Gymnasiasten, die nicht einmal drei Akkorde meistern konnten. Diesmal vermutete ich Letzteres, ich ging lieber gar nicht erst runter, um nachzusehen, ich trat gleich an die Theke und bestellte meinen ersten Absinth mit einem Glas Bier. An den Rest der Nacht erinnere ich mich noch weniger als an alles, was bis dahin war, nur einige Momentaufnahmen, die eine oder andere kurze Szene steht mir klar vor Augen. Wir sitzen um einen Holztisch herum, und jeder zündet seinen Absinth an, ich unterhalte mich mit Fremden am Tresen, wer weiß, in welcher Sprache, dann stoße ich der Reihe nach mit ihnen an, dann spiele ich Kicker mit Martin, erst schlagen wir ein gemischtes Doppel, dann werden wir von zwei Halbwüchsigen derart geschlagen, dass wir nur deswegen nicht unter dem Tisch durchkriechen müssen, weil wir Ausländer sind, ich springe beim Konzert mit Rui herum – also war ich doch runtergegangen –, und mache dann mit Iglika auf einer abgewetzten Ledercouch rum.

Die nächste Szene, die ich vor mir sehe, ist, dass ich draußen stehe, ich schnappe vor dem Eingang frische Luft und kratze mit der Schuhspitze im Laub herum, das am nassen Gehsteig klebt, als Ahmed neben mich tritt und meine Schulter umfasst. Ich sehe, er hat meinen Rat befolgt, er ist schon ziemlich betrunken, mein Freund, was immer du in den nächsten Stunden trinkst, ich bezahle, sagt er, Hauptsache, du bleibst hier. Was ist los, ich sehe ihn verwirrt an, er beugt sich näher, als ob jemand hören könnte, was wir reden, jetzt wird's was, sagt er, wir haben im Keller ziemlich viel rumgemacht. Das ist gut, sage ich, etwas halbherzig. Ernsthaft, fährt er fort und drückt mich ganz fest an sich, was mir nicht besonders gefällt, ich habe auch schon ein Taxi gerufen, wir fahren nach Hause, wir brauchen nur noch für eine Weile ein Zimmer. Ich befreie mich aus seiner Umklammerung und schaue ihm in die Augen, aber ich brauche nichts zu fragen, ich sehe, wie entschlossen er ist. Ist gut, sage ich schließlich, dreihundert Kronen die vertrinke ich und gehe dann. Nüchtern hätte ich vielleicht gesagt, er soll es vergessen, er müsse nichts zahlen, natürlich bleibe ich noch, oder so was Ähnliches, aber betrunken schien mir das ein faires Angebot zu sein. Dreihundert waren ungefähr sechs Bier, oder drei Bier und drei Absinth, irgendwas in der Art, bis ich durchgerechnet hatte, was wie viel war, überreichte er mir schon das Geld, Danke, sagte er und umarmte mich lange.

Die anderen verlor ich etwas später, mit Rui zündeten wir noch zwei Runden Absinth an, den geschmolzenen Zucker immer ungeschickter im bitteren Alkohol verrührend. Iglika wollte keinen mehr, auch so konnte sie sich kaum mehr auf den Beinen halten, von Zeit zu Zeit verschwand sie auch, ich glaube, sie erbrach in der Toilette portionsweise ihr Abendessen. Es waren anderthalb, zwei Stunden vergangen, seit Ahmed und Nastja gegangen waren, als Martin anbot, ein Taxi zu rufen. Ich kann noch nicht gehen, sagte ich und nahm grinsend einen Schluck von meinem Bier. Wie das, fragte er, hattest du noch nicht genug? Doch, aber ich habe wem was versprochen und muss den hier noch alle machen, sagte ich und schwenkte einen Hundertkronenschein in der Luft.

Als ich am Eingang des Wohnheims ankam, konnte ich die Augen kaum mehr offen halten, ich zitterte am ganzen Leib, vielleicht nur vor Müdigkeit, vielleicht, weil der Morgen ungewöhnlich kühl war, vergebens wickelte ich den Anorak so fest um mich, wie es nur ging. Mit dem Schloss des Haupteingangs hatte ich meine Mühe, aber einmal drinnen taumelte ich routiniert bis zu unserer Zimmertür. Ich traute mich nicht, sie sofort zu öffnen, ich legte erst ein Ohr an die Tür, ich hörte ein leises Kratzen und Schniefen von drinnen. Ich klopfte vorsichtig, bald waren Schritte zu hören und Ahmeds Gesicht erschien im Türspalt. Er sah mich mit schmalen, verquollenen Augen an, bist du's, fragte er, ja, sagte ich und trat ein. Auf dem Boden lagen seine beiden großen Koffer, vollgestopft, von seinem Tisch und seinem Regalbrett waren alle Sachen verschwunden. Was machst du, fragte ich ratlos und schloss die Tür hinter mir, woraufhin Ahmed auf sein Bett sank, sich nach vorne beugte und zu schluchzen anfing. Mir fiel ein, dass Nastja ihn bestimmt nicht rangelassen hatte, aber, ich sah wieder zu den Koffern, das konnte doch nicht die Erklärung dafür sein, dass er jetzt packte. Ich setzte mich neben ihn, legte meinen Arm um ihn und fing an, seinen Rücken zu streicheln, vielleicht würde ihn das beruhigen, aber er hörte einfach nicht auf zu zittern. Ich wollte bis jetzt nichts sagen, sagte er und holte einen Umschlag aus der Reißverschlusstasche des kleineren Koffers, aber ich muss nach Hause. Im Umschlag, den er mir in die Hand drückte, war ein Flugticket nach Kairo, mit heutigem Datum. Mein Großvater ist sehr krank, er wird sterben, sagte er mit versagender Stimme, und mein Vater hat mich nach Hause bestellt, ich weiß es schon seit einer Woche, setzte er fort, während ich ein Papiertaschentuch für ihn aus meiner Tasche klaubte, aber ich hab mich nicht getraut, es euch zu sagen. Wann musst du los, fragte ich. Gleich ist das Taxi da, antwortete er, vergrub sein Gesicht in den Händen und beugte sich wieder vor, sein Rücken zuckte manchmal, aber diesmal ohne Ton. Ich hatte keine Ahnung, was ich sagen sollte, in so einer Situation hätte ich auch nüchtern nicht vernünftig reagieren können, und so, während das Zimmer sich immer noch ein wenig drehte, war ich vollkommen hilflos. Wir saßen im Halbdunkel, ich streichelte mechanisch seinen Rücken, er wiegte sich am Rand des Betts vor und zurück. Ist gut, sagte ich schließlich, verzweifle nicht, wir halten Kontakt und für nächstes Jahr organisieren wir eine Wiedersehensfeier. In dem Moment meinte ich das übrigens ernst, wir hatten mit den anderen schon darüber gesprochen, wir machten Pläne für den Termin und den Ort, uns fiel gar nicht ein, dass wir uns nach dem Ende des Stipendiums vielleicht nie wieder sehen würden. Da hörte Ahmed plötzlich auf zu zucken, er versteifte sich und sah dann ganz langsam zu mir hoch. Verstehst du endlich, sagte er, deswegen konnte ich nicht warten, ich konnte einfach nicht länger warten, das war meine letzte Chance. Ich wusste, dass er von Nastja sprach, aber ich hatte keine Kraft zu fragen, wie es gelaufen war, es wäre in der Situation auch nicht angemessen gewesen, lieber gab ich ihm, wie ein echter großer Bruder, einen kleinen Klaps auf den Nacken, der fast wie ein Streicheln war, dann grinste ich und umarmte ihn. Hauptsache, das hast du jetzt auch erlebt, füge ich schließlich hinzu.

Das Taxi kam kurz darauf vor dem Wohnheim an, das Licht der Scheinwerfer blitzte auf unserem Fenster, als es auf den Parkplatz vor dem Gebäude einbog. Warte, ich helfe dir, sagte ich, schnappte mir einen der Koffer und ging voraus, die Flure waren ausgestorben und still, nur aus dem einen oder anderen Jungszimmer war ein Schnarchen zu hören. Der Fahrer konnte Englisch, es war einfach, ihm zu erklären, wohin es gehen sollte. Die Koffer hoben wir in den Kofferraum des Škoda, dann standen wir uns noch einen Moment lang gegenüber. Sei mir nicht böse, sagte Ahmed, und ich hörte seiner Stimme an, dass er immer noch mit den Tränen kämpfte, ach was, mach keine Witze, antwortete ich, und dann gaben wir uns lange die Hand, aber wir umarmten uns nicht noch einmal. Ich blieb dort stehen, bis das Auto auf die Hauptstraße abbog und verschwand, vielleicht sogar ein oder zwei Minuten länger, als wartete ich darauf, dass er wieder zurückkam, aber ich wartete auf nichts. Eine dichte, schwammige Stille empfing mich im Zimmer, ich begriff langsam, dass ich nun allein war, aber diese Tatsache bewegte, vielleicht wegen der Müdigkeit, nichts in mir. Ich streckte mich auf meinem Bett aus, ich konnte mich gerade noch meiner Schuhe entledigen, bevor ich, so wie ich war, vollständig angezogen, in einen tiefen, ruhigen Schlaf versank.

Am nächsten Morgen wurde ich von einem lauten, strengen Hämmern an der Tür geweckt, ich kroch unter der Decke hervor, die ich in der Nacht reflexartig über mich gezogen hatte, und öffnete die Tür. Iglika stand da, mit rotem, verzerrtem Gesicht, ich hatte sie noch nie so aufgebracht gesehen. Wo ist dieses Arschloch, fragte sie, beinahe kreischend, ich verstand erst gar nicht, was los war. Wieso, fragte ich, aber sie blieb ungerührt, sie fragte immer nur, wo ist er, wo ist er. Schließlich öffnete ich die Tür vor ihr und zeigte auf Ahmeds Bett, er ist weg. Der verdammte Hurensohn, schrie sie, und dann packte sie mich am Kragen und fragte, aber so aufgebracht, dass mir ihr Speichel ins Gesicht spritzte, weißt du, was er gemacht hat, weißt du, was er Nastja angetan hat? Ich nahm ihre Hand und entzog ihr mein Hemd, jetzt beruhige dich endlich, sagte ich, aber sie entriss sich meinen Armen und schrie mich an, fick dich doch, und rannte davon. Ich sah mich verwirrt um, und plötzlich drehte sich mir der Magen um. Da sah ich, dass Ahmed vergessen hatte, das Poster abzunehmen, der Fußballer an der Wand starrte mich mit dem gewohnten selbstgefälligen Grinsen an.

Die neuen Wilden

Der Schnee knirschte unter seinen Sohlen, als ginge er über ausgebrannte Neonröhren. Am Morgen zuvor waren zwanzig Zentimeter gefallen, und als am Nachmittag die Sonne herauskam, schmolz die Oberfläche sofort, um als es Nacht wurde wieder zu gefrieren. An diesem gnadenlos dunklen frühen Morgen Anfang Januar, als er aus dem Schlaf geschreckt wurde, fiel ihm jede Bewegung schwer, und das feine, aber durchdringende Krachen, das auf jeden seiner Schritte folgte, zerkratzte ihm förmlich das Trommelfell. Vielleicht bin ich immer noch nicht richtig wach, sagte sich der Fotograf, während er auf das Gartentor zuhielt, und drückte mit seiner in die Manteltasche gesteckten Hand durch das Futter sanft gegen seinen in den engen Jeans schmerzhaft spannenden Schwanz. Trotz seiner Unausgeschlafenheit und der beißend kalten Morgenluft hatte er eine so massive Erektion, dass er beinahe erschrak. Was, wenn sie nicht vorbeigeht, dachte er, wenn er den ganzen Tag so herumlaufen muss und das Spannen erst zu einem Kribbeln und dann, im Laufe der Stunden, zu einem stechenden, unerträglichen Schmerz wird.

Er erinnerte sich nicht, was er geträumt hatte, ob er überhaupt etwas träumte, als sein Telefon klingelte, aber das wusste er noch, dass sich seine Unterhose kräftig spannte, bis er mit dem Telefon im Bad angekommen war – dabei sprang er recht schnell aus dem Bett, um seine Frau nicht zu wecken. Es war ihm auch etwas peinlich, in so einem Zustand ein ernsthaftes Gespräch zu führen, aber als sich die Verschlafenheit verzog und er wieder klar denken konnte, begriff er, dass das egal war, durch das Telefon sah man sowieso nicht, was mit ihm los war. Nach dem Ende des Gesprächs ging er nicht mehr ins Zimmer zurück, er legte das Telefon auf die Waschmaschine, beugte sich über das Waschbecken und fing an, sich zu waschen. Eigentlich hätte er gerne geduscht, unter dem heißen Wasserstrahl wäre er sicher schneller zu sich gekommen, aber er hatte keine Zeit, er wusste, sie würden bald vor dem Tor stehen, und er durfte sie nicht warten lassen. Obwohl er die Flüssigseife, die seine Frau vor einigen Wochen gekauft hatte, nicht ausstehen konnte, wusch er sich damit gründlich Gesicht, Hals und Achselhöhlen. Ein neumodischer Frauenduft verbreitete sich im Badezimmer, Honig-Sahne-Lavendel oder Kokos

mit Aloe Vera, er war nicht in der Lage, das auseinander-
zuhalten, er trocknete sich grimassierend das Gesicht ab.
Über diese Seife hatten sie sich auch schon etwa fünf-
mal gestritten, dabei wäre es sinnvoller gewesen, wenn
er einfach ins Geschäft gegangen und sich seine eigene
gekauft hätte. Nach dem Zähneputzen griff er aus lauter
Gewohnheit nach der Flasche mit dem Mundwasser, aber
da sie leer war, stellte er sie verärgert zurück an ihren
Platz. Gestern waren seine Schwiegermutter und seine
Frau gemeinsam einkaufen gegangen, und er hatte sie
extra gebeten, ihm Listerine mit Menthol mitzubringen,
aber offenbar hatten sie es vergessen. Auch die Zahn-
bürste stieß er vor lauter Ärger mit einer nachlässigen,
breiten Bewegung zurück in den Becher, es wunderte ihn,
dass sie nicht gleich wieder hinausflog. Das Handtuch
ließ er auf die Waschmaschine fallen, zog seine Unterhose aus, stopfte sie in den bis an den Rand gefüllten
Wäschekorb und ging nackt hinüber ins Arbeitszimmer.

Die Fenster des kleinen Raums hatte er schon
Monate zuvor mit einer doppelten Schicht schwarzen
Fotokartons abgedeckt, den er mithilfe eines undurch-
sichtigen Klebebandes fixierte. Er wollte eine Dunkel-
kammer aus dem Zimmer machen, aber eigentümlicher-
weise fand an klaren, sonnigen Tagen auch so noch der
eine oder andere Lichtstrahl seinen Weg ins Innere, und
vergebens verstärkte er dort die Maskierung, am nächsten Tag brach das Licht an einer anderen Stelle durch
und am Tag darauf wieder an einer anderen. Aber er
gab nicht auf, früher oder später werde ich alle Lücken
gefunden haben, sagte er sich, ich habe Zeit, die Sonne

hat Zeit, wir kommen schon miteinander klar. Der Raum war ursprünglich als Kinderzimmer gedacht, aber als sich nach Jahren immer noch kein Bewohner für das Zimmer ankündigte, stellten sie immer mehr Sachen dort ab. Das Bügelbrett, das Trockengestell, eine alte Kommode mit drei Schubladen, dann seinen großen alten Schreibtisch, und von da an dauerte es nicht lange, bis seine immer größer werdende Ausrüstung die Herrschaft über das Kinderzimmer übernahm. Schließlich nahm seine Frau es auch wortlos hin, als er die Fenster abklebte und den in seine Teile zerlegten Tisch-Vergrößerungsapparat wieder aufstellte. Während er arbeitete, ging sie in ihrem geblümten Morgenmantel auf dem Flur auf und ab, beobachtete ihn verstohlen, als hätte sie kein Recht einzutreten und ihn zur Rede zu stellen dafür, dass er den Raum für sich in Anspruch nahm. In Wahrheit wollte sie, und das wussten sie beide, nur ihre Unfruchtbarkeit nicht wieder zum Thema machen, die vielen vergeblichen Behandlungen und durchweinten Nächte. So unterzeichneten sie einen Vertrag, den der Fotograf durch den Einzug ins Zimmer aufsetzte und den seine Frau mit ihrem Schweigen unterschrieb.

Aus der Kommode, in der sie seine Sachen aufbewahrten, nahm er eine dicke, rostfarbene Cordhose, eine karierte Unterhose und ein paar Wintersocken und streifte sie schnell über. Er überlegte, ob er noch genügend Zeit haben würde, Kaffee zu kochen, oder ob er ohne Thermoskanne würde aufbrechen müssen in diesen sich wer weiß wie lange noch hinziehenden, rußschwarzen Morgen. Er zog ein langärmeliges, dunkelblaues Shirt und einen Cardigan mit Norwegermuster an und stellte seine Ausrüstung zusammen. Er packte alles, was er eventuell brauchen würde, sorgfältig in die wasserdichte Fototasche, obwohl er nicht wusste, wohin und worum es ging, das sagte man ihm am Telefon nicht. Jedenfalls nahm er zwei Extraobjektive, einen zweiten Blitz und auch einen Synchronblitz mit, sicher ist sicher. In der Küche schmierte er sich ein Brot mit Butter und Nutella und wollte gerade die Thermosflasche aus dem Schrank holen, als er das Scheinwerferlicht des Autos, das gerade in ihre Toreinfahrt einbog, über den Gartenzaun streifen sah. Soviel zum Kaffee, murmelte er und würgte das Brot hinunter, aber er hatte seine liebe Not damit, der Bissen geriet zu groß, die Haselnusscreme kam ihm an den Mundwinkeln heraus. Er zog seine Schnürstiefel und seinen Wintermantel mit Kapuze an und warf noch einen Blick in den Spiegel. In den leicht ergrauenden Barthaaren hingen Nutella und Brotkrümel, er strich sich nervös übers Gesicht, setzte eine Mütze auf und trat hinaus in die schneidende Kälte.

Während er mühsam durch den Schnee stapfte, der unter seinem Gewicht einbrach, und sich dem dampfenden Auto näherte, sah er immer klarer, was er bis dahin nur erahnen konnte. Die Leute im Wagen beobachteten ihn und lachten. Was zum Henker ist los, fragte er, als er die hintere Autotür einen Spaltbreit öffnete. Drinnen saßen zwei Männer, und als er seinen Kopf durch die Türöffnung steckte, wurde ihm für einen Moment ganz schwindlig vom Geruch schlechten Kaffees, dem sauren Zigarettenrauch und der penetranten Ausdünstung des am Rückspiegel hängenden Wunderbaums. Die beiden Typen drehten sich grinsend zu ihm um, während er seinen Rucksack auf den Rücksitz packte und sich hinter den großzügig zurückgeschobenen Beifahrersitz presste. Wir lachen nur darüber, wie behände und elegant du dir deinen Weg durch den Schnee bahnst, sagte der eine, und dass du ein Gesicht ziehst, als würden wir dich zum Schlachthof bringen, fügte der andere hinzu. Wieso, könnte doch sein, antwortete der Fotograf und zog demonstrativ den Reißverschluss des Mantels herunter, denn es war drückend heiß im Wagen, aber das hätte er vorher wissen können, die beiden drehten die Heizung immer zu sehr auf. Der Kichernde am Steuer war um die vierzig und hieß Nándi, und obwohl er ebenfalls Ermittler war, wirkte er eher wie irgendein Assistent, eine Art Faktotum, der den Fahrer machte, wenn man einen brauchte, oder Telefonwache hielt oder für den Kaffee verantwortlich war. Nándi wurde von allen gemocht und ein wenig beneidet, denn er fühlte sich in jeder Situation zu Hause, vom Elternabend bis zur Identifizierung von Leichen, als wäre ihm alles ein und dasselbe. Der andere, ein etwas älterer Typ, der gerade sorgfältig seine Zigarette auf dem Deckel einer Red-Bull-Dose ausdrückte, war Gyóni, der Dienstälteste in der Abteilung. Er hatte den Ruf, ein wenig mürrisch und von aufbrausendem Temperament zu sein, aber wenn man einige Zeit mit ihm verbrachte, musste man sich eingestehen, dass seine Poltereien und bissigen Bemerkungen nicht halb so ernst gemeint waren, wie sie sich anhörten. Er hatte einen spröden Humor, zweifelsohne, und man konnte sich kaum über einen gewissen Punkt hinaus mit ihm anfreunden, aber er war überhaupt nicht der unerträgliche Grobian, als den ihn besonders die älteren Kolleginnen gern hinstellten. Nándi wurde von allen beim Vornamen gerufen, Gyóni hingegen nannten sogar seine Freunde beim Familiennamen, manche wussten nicht einmal, was sein Vorname war, wenn er denn, wie es hieß, überhaupt einen hatte.

Die Hinterräder drehten auf der vereisten Auffahrt einige Male durch, aber als Nándi etwas bestimmter aufs Gaspedal trat, gelang es ihnen, mit Schwung loszufahren. Es war erst wenige Minuten nach drei, in der Straße war kein einziges Fenster erleuchtet, und das spärliche Licht der Straßenlaternen reichte allenfalls, um zu zeigen, dass die menschliche Zivilisation noch nicht am Ende, noch nicht vom Antlitz der Erde verschwunden war. Als sie sich entfernten, drehte sich der Fotograf für einen Moment um, sah durch die beschlagene Rückscheibe die Fassade ihres Hauses, die heruntergelassenen Rollläden ihres Schlafzimmers, hinter denen seine Frau schlief, mit gelöstem Haar und unter einer dicken Daunendecke, leise schnaufend, in wer weiß aus was für einem Stoff gewebten Träumen. Er wollte ihr schnell eine Nachricht schreiben, nur um sie wissen zu lassen, dass er abgeholt wurde und früh losmusste, aber als er zur linken Hosentasche griff, merkte er, dass sein Handy nicht drin war, dabei bewahrte er es immer dort auf. Als er seine Hand ein wenig weiter nach oben gleiten ließ, spürte er, dass seine Erektion immer noch andauerte, wenngleich sich sein Schwanz nicht mehr so unangenehm und standhaft gegen seinen Hosenstall drängte wie zuvor. Unter seinem Mantel strich er verstohlen über die Schwellung, folgte der leichten Krümmung, die seine Frau früher so sehr mochte und über die sie sich anfangs so amüsierte, mit einem liebenswürdigen, kugelrunden Lachen. Wie interessant, dass er so viele schöne Erinnerungen mit diesem kleinen körperlichen Makel verband, dachte er, als wäre die Krümmung die Grundlage ihrer Liebe gewesen. Während ihm, das musste er zugeben, in den letzten Monaten dazu immer häufiger einfiel, wie viel Zeit schon vergangen war, seitdem sie ihn in die Hand genommen und gestreichelt hatte.

Kaffee?, fragte Gyóni und reichte ihm eine alte, mit gelbem Plastik überzogene Thermoskanne. Danke, sagte der Fotograf, nahm sie, klemmte sie sich zwischen die Knie und schraubte den als Becher dienenden Deckel ab, unter dem die Ausgießöffnung mit einem Korken verschlossen war. Das musste wirklich schon ein ganz altes Stück sein, so etwas wird heutzutage gar nicht mehr hergestellt. Er hielt sich die feuchte Unterseite des Korkens vor die Nase und atmete den säuerlichen Geruch ein, der ihm entströmte. Das war das Aroma von unzähligen niederschmetternden Diensten, sich hinziehender Morgen und schlafloser Nächte und irgendwie auch, zumindest war das seine Vorstellung, im Lauf der Jahre monoton gewordener, gleichförmiger Verbrechen und Todesfälle. Hattest du schon mal das Gefühl, gelangweilt zu sein von den Leichen, fragte er plötzlich und goss sich, während er auf die Antwort wartete, einen halben Becher dampfenden Kaffees ein. Mich haben sie schon immer gelangweilt, antwortete Gyóni mit einem schiefen Lächeln, ich interessiere mich für die Lebenden. Also die Verbrecher, fügte Nándi hinzu und blickte grinsend in den Rückspiegel, aber da er den Blick des hinter ihm sitzenden Fotografen nicht erhaschen konnte, sah er nur in die hinter dem Wagen verschwimmende Dunkelheit. Wohin fahren wir überhaupt, fragte der Fotograf, nahm einen Schluck Kaffee und bereute es sogleich, zum einen, weil das heiße Getränk ihm die Oberlippe verbrannte, zum anderen, weil Gyónis Plörre grauenhaft schmeckte. Die vorne Sitzenden antworteten nicht sofort, erst tauschten sie Blicke, als könnten sie nicht entscheiden, wer etwas sagen sollte, schließlich räusperte sich Nándi und fing zu erzählen an. Man hat uns, sagte er, nicht weit von hier, ein paar Blöcke weiter oben, zur anderen Seite der Hauptstraße gerufen, wir sollen uns einen Tatort ansehen, aber es ist nicht ganz klar, worum es sich handelt, beziehungsweise warum wir kommen sollen. Wie das, fragte der Fotograf und stürzte den restlichen Kaffee hinunter, um es so schnell wie möglich hinter sich zu bringen. Nach kurzem Schweigen übernahm Gyóni das Wort, während er aus der Schachtel auf dem Armaturenbrett eine Zigarette herauszog. Die Nachbarn haben angerufen, etwas sei nicht in Ordnung, aber sie trauten sich nicht hineinzugehen, sagte er, und dann kam die Streife und meldete, dass alle tot sind. Der Fotograf rümpfte immer noch die Nase ob des schlechten Kaffees, dazu musste er den Rauch von Gyónis Zigarette ertragen, so dass er die nächste Frage trocken hervorwürgte: Wie viele? Drei, antwortete der Ermittler und blies den tief inhalierten Rauch durch Mund und Nase gleichzeitig aus. Das Auto bremste und blieb stehen. Sie waren an der Kreuzung zur Hauptstraße angekommen, und obwohl das einzige andere Fahrzeug, ein von rechts kommender Truck, noch ziemlich weit weg war – sie wären ohne Probleme vor ihm hinübergekommen –, wartete Nándi lieber, bis er vorbei war, und fügte leise, fast nur für sich selbst hinzu, wir werden es bald sehen.

Der Fotograf stellte sich häufig und immer häufiger die Frage, warum sie hierhergezogen und nicht in der Innenstadt geblieben waren. Auch jetzt ging ihm das durch den Kopf, während sie endlich die Hauptstraße überquerten und auf den schmalen Asphaltstreifen einbogen, der bergauf führte. Wollte er ehrlich sein, müsste er zugeben, dass er nie in die Agglomeration hinausziehen wollte. Schon allein von dem Wort brach ihm der kalte Schweiß aus. Er konnte sich nicht erinnern, aber es musste einen Punkt gegeben haben, ab dem er sich einredete, zumindest für eine Weile, dass sie es beide wollten. Seine Frau dachte, als Englischlehrerin würde sie schnell eine Stelle in einem der umliegenden Gymnasien oder schlimmstenfalls in einer Grundschule finden, sie wollten sowieso bald ein Kind, und er redete sich zu, etwas frische Luft würde auch seiner Karriere als Fotograf dienlich sein, ebenso wie etwas Distanz von der stumpfen Routine des Nachtlebens in der Innenstadt. Anfangs lief auch alles gut, sie sanierten das kleine Haus mit Garten, das sie sich für ihre beiden Einzimmerwohnungen in der Innenstadt kaufen konnten. Die Gestaltung des Gartens übernahm sein Schwiegervater, und er folgte dessen Anweisungen. Zusammen verwandelten sie den alten, von Unkraut überwucherten Hof in einen richtigen Park, und zu seiner Überraschung machte ihm selbst das Gemüsegärtnern Spaß. Seine Frau, die in der Kisdiófa Straße immer häufiger niedergeschlagen gewirkt hatte und an schlechteren Tagen klagte, sie fühle sich, als hätte man sie mit feuchter Watte ausgestopft, blühte sichtlich auf. Nicht einmal, dass sie tatsächlich nur in einer Grundschule eine Stelle fand, tat ihrer guten Laune Abbruch, dabei war es noch nicht einmal die nächstgelegene. Während er selbst – er fand keinen besseren Ausdruck dafür, er suchte auch keinen – ganz gut zu Rande kam. Aber sowenig er sich daran erinnern konnte, wann er den Gedanken, hier heraus zu ziehen, für sich akzeptiert hatte, so wenig konnte er feststellen, wann genau es ihm zu dämmern begann, dass sie sich geirrt hatten. Wenn sie aufmerksamer gewesen wären, hätten sie sich noch festhalten können, aber nun waren sie bereits im freien Fall, nur daran konnte er denken. Sie fielen bei jedem wortlos eingenommenen Frühstück und bei jedem routinierten Fernsehabend, wenn sie sich anlächelten, fielen sie, und wenn sie sich stritten, fielen sie und auch, wenn sie von Zeit zu Zeit, aber nie gleichzeitig, Lust auf den Körper des anderen verspürten. Die Frage war nur noch, wann und wie sie auf dem Boden aufschlagen würden.

Hast du alles dabei, fragte Nándi, aber diesmal versuchte er nicht, ihn im Rückspiegel anzusehen, der Weg war viel zu kurvig und vereist dafür. Ja, sagte der Fotograf und fragte mit verschlafener Stimme, ist es noch weit? Nicht besonders, antwortete Gyóni, der schon seit einer Weile gedankenverloren das dunkle Gebüsch am Wegesrand anstarrte, und fügte ein bisschen leiser hinzu, also reiß dich langsam zusammen. Seltsamerweise mochte er seine Arbeit doch irgendwie, sie war jedenfalls viel interessanter als die Wochenendfotokurse, die er im nahen Kulturhaus für die hoffnungslosen Dilettanten abhielt, wie er seine Schüler zu Hause nannte. Das einzige Problem mit der polizeilichen Tatortfotografie war, dass sie ihn, obwohl er Vergnügen an ihr fand, doch ständig daran erinnerte, dass er nicht der war, der er gern geworden wäre.

Nach Abschluss der Fotografieschule war er Teil einer kleineren Künstlergruppe geworden aus Leuten, deren Bilder er mindestens so sehr mochte wie seine eigenen, wenn nicht mehr, er war stolz und zugleich eifersüchtig, und zum ersten Mal in seinem Leben konnte er ganz ehrlich sagen, dass er Kollegen und Weggefährten hatte. Sie hatten eine Reihe gemeinsamer Ausstellungen, anfangs in Ruinenkneipen und in besetzten Häusern, später, als sich mehr Leute für sie interessierten, bekamen sie auch Einladungen von ernstzunehmenden Kuratoren. Die neuen Wilden, so nannte sie der Kritiker einer Wochenzeitschrift, und auch wenn es nicht ganz zutreffend für alle in der Gruppe war und sogar ein wenig spöttisch gemeint, gefiel es ihnen, obwohl sie es nur ungern zugaben. Sie planten, ein größeres verlassenes Ladenlokal in der Király Straße zu mieten und eine eigene Galerie zu eröffnen. Das Geld dafür zusammenzukratzen erschien nicht ganz unmöglich, doch in der Zwischenzeit schlossen einige Verträge mit größeren

Galerien, andere zogen mit einem Stipendium für eine Weile nach Berlin oder London, und ein Teil derer, die zu Hause blieben, musste Auftragsarbeiten annehmen. Aus der gemeinsamen Galerie wurde schließlich nichts, und auch das Erscheinen eines gemeinsamen Fotobandes verschob sich immer weiter. Da schlug ihm seine Frau vor, in die Vorstadt zu ziehen. Eine Weile reichte das Geld aus Gelegenheitsjobs und Honoraren noch, das er selbst seiner Frau mehr oder weniger verheimlicht und für die Galerie beiseitegelegt hatte, aber früher als gedacht, musste er sich doch eine Arbeit suchen. Allein das empfand er als demütigend, als einer der neuen Wilden hatte er darauf gehofft, dass ein ausländischer Sammler oder eine Agentur auf ihn aufmerksam und seine Karriere in Schwung bringen würde. Ein gewisses Interesse an seinen Arbeiten gab es natürlich, manchmal kam der eine oder andere Kunde oder ein Galerist, ein alter Freund versprach, ihn hier oder da zu empfehlen, aber bald verstand er, dass es den großen Durchbruch für ihn nicht geben würde. Seine Hoffnung setzte er nicht mehr auf sich selbst, sondern auf eine wundersame Wende. Noch dazu wurde er langsamer, fing immer seltener neue Serien an, und wenn doch, brachte er sie meistens nicht zu Ende. Seine Freunde, die manchmal mit dem Bus aus der Innenstadt zu ihnen herausfuhren, sprachen auf dem Rückweg kopfschüttelnd davon, wie sehr die reizarme Umgebung sein Talent trockengelegt habe. Wenig später erzählte eine Kollegin seiner Frau, ihr Mann, der bei der Polizei arbeitete, habe gehört, man suche einen Tatortfotografen in Teilzeit.

Der Wagen wurde langsamer und bog in eine enge, dunkle Gasse ein, von deren Ende ihnen ein Blaulicht immer greller entgegenblinkte, je näher sie kamen. Ein Streifenwagen stand vor dem letzten Haus, auf dem weitläufigen Hof ein Rettungswagen und ein Pkw der Feuerwehr. Dazwischen frierende Nachbarn, zwei ältere Frauen und ein Paar mittleren Alters reckten die Hälse Richtung Hauseingang, denn die beiden Polizisten ließen sie nicht näher ran. Nándi parkte direkt vor der Ausfahrt und machte so stillschweigend klar, dass man dem Rettungswagen nicht freie Fahrt gewähren musste. Na, dann schauen wir mal, sagte Gyóni und warf die letzte Kippe in die Red-Bull-Dose. Aus dem überheizten Wagen steigend, fand der Fotograf die Kälte noch unerträglicher als zuvor, seine Finger verkrampften sich beinahe, und seine Augen fingen zu tränen an. Vielleicht ist es ja drinnen warm, dachte er, aber als er über die kurze Treppe zur Eingangstür hochging, merkte er, dass sämtliche Fenster und Türen des Hauses sperrangelweit offen standen. Er zögerte einen Augenblick, machte sich dann aber doch auf den Weg, da rief Gyóni, der sich mit Nándi zusammen mit einem der Uniformierten und einem Feuerwehrmann unterhielt, er solle auf sie warten. Er lehnte sich gegen den Türrahmen und sah zu, wie sie etwas aufschrieben, während hinter ihnen immer noch wortlos die Nachbarn standen. Worauf sie wohl warten, was ist das für ein Instinkt, wo es einen Toten gibt, dort sammeln sie sich, das ging ihm durch den Kopf, als ihn jemand auf die Schulter tippte. Er fuhr zusammen, er hatte ganz vergessen, dass es auch im Inneren des Hauses noch Menschen geben könnte, und natürlich war es einer der Sanitäter, der ihn nach Feuer fragte. Ich habe keins, sagte der Fotograf zu dem kleinen Mann mit dem zerfurchten Gesicht und dem Schaffellmantel, fragen Sie mal den Kerl dort, fügte er hinzu und zeigte auf Gyóni. Aber der Sanitäter rührte sich nicht, sah starr vor sich hin und spuckte plötzlich eine große Menge Speichel zur Seite in den Schnee. Das ist vielleicht beschissen, sagte er schließlich, immer sagen alle, man soll diesen Alarm und jene Sicherung anbringen, aber keiner nimmt es ernst, ich auch nicht, und was kommt am Ende heraus? Was, fragte der Fotograf scharf, woraufhin der andere ihn ansah und mit dem Daumen hinter sich zeigte, na das, sagte er und ging zu Gyóni, um ihn um Feuer zu bitten. Der Fotograf musste noch etwa fünf Minuten an den Türrahmen gelehnt stehen, bis die beiden Ermittler endlich ankamen. Bring dein Zeug mit, sagte Nándi, wir gehen erst ins Schlafzimmer.

Das Haus war nett eingerichtet, moderne Möbel und alte Gegenstände waren in einem guten Verhältnis, man sah, dass die Bewohner Wert auf Heimeligkeit legten, die Räume waren gut genutzt und doch nicht überladen. Links vom Eingang gab es ein Wohnzimmer mit offener Küche, mit einer für den Geschmack des Fotografen gerade noch erträglichen Menge an IKEA-Möbeln. Rechts waren eine Kammer, ein Bad mit WC und schließlich das Schlafzimmer. Er konnte alles genau sehen, da sämtliche Türen offen standen. Als er hinter den Ermittlern das Zimmer betrat, fiel ihm im ersten Augenblick gar nichts auf. Es herrschte Ordnung und Sauberkeit, nur die dicke Daunendecke lag zerknüllt auf dem Doppelbett. Erst als Gyóni die Decke vorsichtig beiseite zog, sah er, dass darunter eine Frau mit zur Seite gedrehtem Kopf lag. Mit der einen Hand hielt sie krampfhaft das Nachthemd auf ihrer Brust zusammen, die andere Hand war zur leeren Seite des Bettes ausgestreckt. Ihr Gesicht war von ihrem gelösten, langen dunkelblonden Haar halb bedeckt, Gyóni fegte das Haar behutsam beiseite. Die Augen waren geschlossen, aber ihr Mund war weit geöffnet, als würde sie schreien oder nach Luft schnappen, auf dem Kissen war Erbrochenes eingetrocknet, aber selbst so war sie überraschend hübsch. Kommt her, rief Nándi von draußen. Vom Schlafzimmer aus führte ein kurzer Gang zu einem engen Treppenhaus, Nándi hockte oben auf der Treppe und winkte ihnen zu. Dort lag ein Mann auf dem Bauch, es war ihm anzusehen, dass er sich nur noch hatte schleppen können, er lag in einer merkwürdig verdrehten Position, mit ausgestrecktem Arm schien er sich am Teppichboden festzuhalten oder vorwärts ziehen zu wollen, die andere Hand lag kraftlos unter dem Brustkorb. Vermutlich war er mit der Hand auf dem eigenen Erbrochenen ausgerutscht und hatte das Gleichgewicht verloren, nun hielt das Gewicht des Körpers die Hand wie in einem Schraubstock fest. Bis hierher hat er es geschafft, sagte Nándi und zog kräftig die Nase hoch, während er über den Körper des Mannes hinweg eintrat in ein kaum einen halben Meter entfernt liegendes Zimmer. Die Wände des kleinen Raums waren bunt angemalt, auf dem Boden verstreut Plüschtiere und Bilderbücher. Etwas weiter weg, unter einer orange leuchtenden Lampe in Form einer Sonne stand ein Babybett. Die drei Männer beugten sich wortlos über das Fichtenholzmöbel, in dem reglos ein etwa anderthalb Jahre altes Kind in einem rot-blauen Schlafanzug lag. Es sah nicht tot aus, war aber stumm, und auch der Brustkorb bewegte sich nicht auf und ab, sein Gesicht war so ruhig, dass der Fotograf einen Moment lang glaubte, es würde reichen, ihm einfach eine Rassel vor dem Gesicht zu schütteln, und es würde sofort die Augen öffnen. Aber es war eindeutig nicht mehr am Leben, auch wenn es keine Spuren von Anstrengung in den Gesichtern und Körpern der Betrachter gab. Minu-tenlang standen sie still über ihm, als würden sie darauf achten, es nicht zu wecken. Dann fange ich hier an, sagte schließlich der Fotograf, trat einen Schritt zurück und warf einige Spielsachen auf dem Boden beiseite, um Platz für seine Ausrüstung zu schaffen. Ist gut, sagte Gyóni, immer noch den kleinen, auf dem Rücken liegenden Kör-per betrachtend, und dann mach der Reihe nach weiter, wir reden solange mit den Sanitätern. Aber, sagte Nándi schon in der Tür, brauch nicht so lange, mach ein, zwei Bilder, damit wir sie haben, und fertig.

Hast du eine Kippe für mich, fragte der Fotograf Gyóni im Auto. Sie hatten den Tatort vor zehn Minuten verlassen, aber noch kein Wort miteinander gewechselt. Klar, sagte der Ermittler, als wäre es das Natürlichste auf der Welt, obwohl er wusste, dass der Fotograf nicht rauchte, er hatte ihn mehr als einmal deswegen aufge-zogen, aber ich habe kein Feuer, ich habe es dem Sani-täter gegeben, wer weiß, wann der Leichenwagen kommt. Nándi, hat diese Karre so'n Ding, wandte sich der Fotograf an den Fahrer, m-hm, antwortete der und drückte den Knopf des Zigarettenanzünders. Wieder saßen sie eine Weile still, nur das Klicken des Blinkers war manchmal zu hören, bis ein vernehmliches Knacken anzeigte, dass der Anzünder bereit war. Gyóni reichte die Zigarette auf den Rücksitz, nahm sich selbst eine und bot, einer Eingebung folgend, auch Nándi eine an, aber der sah gar nicht hin, sagte nur, Danke, ich passe. Der Rauch tat gut und es war auch gut, sich mit irgendetwas beschäftigen zu können. Sobald er die erste Zigarette zu Ende geraucht hatte, bat er um eine weitere, und so ging es die ganze Fahrt über, am Ende war ihm ganz schwindlig und auch ein wenig übel, aber er nahm aus der gerade angebrochenen Packung noch eine. Überlegt mal, sagte er schließlich, ein verdammter Rabe setzt sich auf euren Schornstein, um sich aufzuwärmen, bleibt zu lange, verliert das Bewusstsein, fällt rein und es ist aus. Deswegen braucht man einen Alarm, murmelte Nándi, wir haben zu Hause so einen, ich kann's dir zeigen, wenn du willst. Der Fotograf hätte ihn am liebsten angeschrien, aber darum geht's doch gar nicht, und überhaupt, er solle nicht immer so abgebrüht sein, selbst jetzt noch, aber er tat es nicht, ihm war zu schwindlig von den Zigaretten, und es blieb auch keine Zeit mehr, sich zu streiten, das Auto bog schon vor ihrem Haus ein.

Er verabschiedete sich nicht, er stieg einfach aus dem Auto, aber als er sich kurz umsah, fiel sein Blick auf Gyóni, der ein wenig nach vorn gebeugt neben dem geradeaus starrenden Nándi saß und ihm hinterhersah, und als ihre Blicke sich trafen, schien es, als würde er ihm leicht zunicken. Das Gehen fiel ihm auch jetzt noch schwer, aber nicht mehr so wie vorhin. Das Eis splitterte mit einem lauten Krachen unter seinen Sohlen, aber diesmal wirkte das merkwürdige, dumpfe Geräusch beruhigend. Vor der Eingangstür blieb er noch für einen Augenblick stehen, sog tief die scharfe, kalte Luft ein und blickte über die benachbarten Häuser. Alle dunkel und stumm wie in einer Geisterstadt.

Drinnen sah er sich als Erstes im Badezimmer um, ob er sein Telefon dort hatte liegen lassen. Er fand es unter dem auf der Waschmaschine liegenden Handtuch, aber es wurden keine Anrufe angezeigt. Sie hat die ganze Sache verschlafen, schloss der Fotograf daraus und ging ins Schlafzimmer. Er schlich sich im regungslosen Dunkel bis zum Nachtkästchen auf seiner Seite und schaltete die Lampe ein. Er fand sich blind zurecht, denn sie gingen fast nie zur gleichen Zeit zu Bett. Seine Frau lag zusammengerollt unter der Decke, ihr Gesicht war kaum zu sehen, auch wegen ihres in üppigen Wellen ausgebreiteten dunkelbraunen Haars. Er beugte sich vorsichtig zu ihr, nahm den Rand der Decke mit zwei Fingern und zog sie langsam fort, anschließend strich er mit gespreizten Fingern die Haarsträhnen beiseite. Sie rührte sich nicht, sie musste im Tiefschlaf sein, und wie er sie so betrachtete, hätte der Fotograf nicht beschwören können, dass sie noch lebte. Natürlich wusste er es, aber ihr Gesicht war so gespenstisch regungslos, dass er den Blick nicht davon wenden konnte. Er sah sie an und fing an, sich auszuziehen, ließ den Cardigan neben das Bett fallen, die Cordhose aus Versehen hinter den Sessel, es kümmerte ihn nicht, er sah nur seine Frau an. Und wie er so dastand, in Unterhosen und T-Shirt, kam ihm eine Idee, er ging hinaus ins Vorzimmer, nahm seine Kamera aus der Tasche und schlich sich mit langsamen, vorsichtigen Schritten, damit das Parkett nicht knackte, zurück ans Bett. Seine Frau lag unverändert da, sie war schön, wunderschön sogar, er hatte sie lange nicht mehr so gesehen, dachte der Fotograf, während er einen Schritt zurücktrat und die Kamera hob. Er löste aus, einmal, zweimal, neigte sich ein wenig zur Seite und drückte ein drittes Mal den Auslöser, ging in die Knie und machte so noch einige Aufnahmen. Dabei wurde er ganz aufgeregt, als hätte er endlich etwas gefunden, ja, auf einmal war er sich ganz sicher, dass es das war, es würde sein neues Thema sein. Die Zeit, die er mit den Polizisten verbracht hatte, war also nicht ganz vergebens, mit diesen neuen Fotos würde er wieder dorthin zurückkommen, wohin er immer schon gehört hatte, würde er wieder einer von den neuen Wilden sein. Er ließ die Kamera für einen Augenblick sinken, sah das Gesicht seiner Frau an und war sich nun auch sicher, dass er ihr morgen sagen würde, dass er wieder in die Innenstadt zog. Lange war er beim Fotografieren nicht mehr so euphorisch gewesen, er knipste noch einige Male und spürte, dass er wieder eine Erektion bekam. Der Gedanke streifte ihn, ob es nicht dieselbe unangenehme Erektion war wie in der Früh, aber das konnte nicht sein, dachte er. Er legte den Apparat auf den Boden und ging ins Bad. Er schloss die Tür hinter sich, machte das Licht an und sah sich von oben bis unten im Spiegel an. Eine sonderbare, wallende

Zufriedenheit erfüllte ihn, er wusste, was er wollte, und war sich ganz sicher, dass er nur noch den ersten Schritt machen musste. Dann schob er seine Unterhose bis zu den Knien hinunter und befriedigte sich mit langsamen, geduldigen Bewegungen. Im Schlafzimmer regte sich seine Frau immer noch nicht. Sie öffnete nach einer Weile die Augen, aber sie weinte nicht, sie sah nur starr und schlaflos vor sich hin.

Ramses' Auge

Eine steile und ziemlich schmale Treppe führte in den Keller, der Gastgeber lotste uns in die Richtung, geht nur, sagte er, schaut euch um, es sind schon welche da. Nicht, dass ich es sofort bereut hätte, doch als ich den Blick über die Installation schweifen ließ, breitete sich eine diffuse Bitterkeit in mir aus. Es war der Abschlusstag der Journalistenkonferenz, wir hatten die letzte Sitzung des Vormittags hinter uns, und ich hatte ursprünglich geplant, die freie Zeit nach dem Mittagessen allein zu verbringen und ziellos durch die Stadt zu streifen, bevor ich mich zur Abschiedsparty wieder mit den anderen traf. Und dann hatte ich mich doch überzeugen lassen herzukommen.

Wir waren seit sechs Tagen in New York, die endlosen Vorträge, beziehungsweise die langen Nächte nach den Vorträgen hatten alle etwas ausgelaugt. Die Konferenz war eher mau, das Thema »Möglichkeiten des Kulturjournalismus im 21. Jahrhundert« schien niemanden sonderlich zu begeistern, alle wollten lieber Tag und Nacht durch die Stadt streifen. Natürlich saßen wir mit unserem dünnen Kaffee in Pappbechern in allen Präsentationen und Diskussionen bis zum Schluss dabei, aber am späten Nachmittag ergab das kaum mehr einen Sinn. Unter den Leuten, die um mich herum saßen, schrieb einer SMS, der andere zeichnete in sein Notizheft und der dritte las, als wäre es das Selbstverständlichste auf der Welt, murmelnd in einer auf dem Tisch ausgebreiteten Tageszeitung. Der letzte, freie Tag erschien deswegen besonders vielversprechend. Im Vortragssaal des Hotels bedankten sich die Organisatoren bei jedem Einzelnen für die Teilnahme, dann wurden die Taxifahrten zum Flughafen für den nächsten Tag abgestimmt und einige Gruppenfotos geschossen, und das war's. Unsere kleine Gruppe, ein Finne, ein Bahrainer, eine Portugiesin und ein argentinischer Kunstkritiker namens Aníbal, trennte sich sofort von der größeren Gruppe und machte sich auf zu einem Spaziergang durch den auf der ehemaligen Hochbahntrasse errichteten Park. Von dort bot sich ein interessanter Blick auf das Leben der nachmittäglichen Stadt, aus zwei Stockwerken Höhe gewinnt alles an Perspektive, selbst die einfachste Bushaltestelle mit ihrem Reigen aus Wartenden, Ein- und Aussteigenden wirkt etwas dramatischer, als sie sich normalerweise vom Gehsteig aus betrachtet darstellt. Bis wir zu Fuß im ehemaligen Schlachthofviertel angekommen waren, war die Zeit schon vorangeschritten und wir hatten Hunger. Wir sahen uns nach einem Restaurant in der Gegend um und entschieden uns schließlich für einen kubanischen Laden namens Varadero. Ich bestellte eine Seeteufel-Suppe von den Bahamas, die scharf, aber durch die Kokosmilch auch samtig war, das stellte sich als besonders gute Wahl heraus. Selbst der Preis hätte mich nicht gestört, wenn meine Schuhe nicht voller Sand gewesen wären, der Boden war nämlich wegen des Strandfeelings knöchelhoch mit Sand bedeckt.

Als Aníbal beim Nachtisch aufwarf, man könnte nach dem Essen zu einer Vernissage gehen, die ein alter Freund von ihm organisiert habe, nahm ich es erst gar nicht ernst. Schön und gut, aber was hat das mit mir zu tun?, fragte ich. Ich dachte, es interessiert dich vielleicht, sagte er, weil das nicht so eine Schischi-Eröffnung ist, sondern eine Party mit echten jungen Underground-Künstlern, bei der du ohne Connections gar nicht reinkommen würdest. Obwohl ich nicht jemand bin, der ständig auf der Suche ist nach etwas Authentischerem als dem Authentischen, etwas Abstrakterem als dem Abstrakten, eigentlich eher der Typ, der sich damit begnügt, was er selbst findet, und dann etwas daraus macht, war ich jetzt doch ein wenig verunsichert. Die anderen sagten Aníbal sofort, dass sie auf jeden Fall ins Hotel zurückgehen würden, um sich vor der Party am Abend auszuruhen, aber bei mir spürte er, dass ich zögerte. Ich dachte, wenn sein Geschmack dem meinen ähnlich war, wie es mir aus den

Unterhaltungen der vergangenen Tage schien, und die Ausstellung von Bekannten von ihm organisiert wurde, war die Sache vielleicht doch nicht ganz uninteressant. Und überhaupt, Aníbal lebte seit vier Jahren in der Stadt, in dieser Zeit hatte er bestimmt genügend Erfahrungen gesammelt, wo es sich hinzugehen lohnte und wo nicht. Nachdem wir unseren Käsekuchen aufgegessen hatten, gingen wir hinaus, um vor dem Gebäude eine zu rauchen, und als er wieder anfing, auf mich einzureden, gab ich schließlich nach. Wir besprachen mit den anderen, wann und wo wir uns später treffen würden, und gingen los in Richtung Metro.

Ich verstehe nicht, wie wir uns mit der Linie irren konnten, das U-Bahn-Netz ist zwar kompliziert, aber ich dachte, in den vergangenen Tagen wäre es mir gelungen, mich so weit zu orientieren, dass mir keine groben Fehler mehr unterliefen, aber diesmal verließ ich mich vielleicht zu sehr auf Aníbals Ortskenntnisse und er sich auf meine Selbstsicherheit, so dass keiner von uns darauf achtete, wo wir genau einstiegen, und während der Fahrt waren wir so ins Gespräch vertieft, dass wir schon irgendwo bei Brooklyn Heights waren, als uns auffiel, dass hier irgendwas nicht stimmte. Anhand des Plans an der Wand des Waggons wurde schnell klar, dass wir in die falsche Richtung fuhren, also stiegen wir an der nächsten Halte-stelle aus. Wir fuhren ein paar Stationen zurück, stiegen zweimal um und erreichten endlich die DeKalb Avenue. Da hatten wir schon eine halbe Stunde Verspätung und mussten uns sputen, womit ich kein Problem gehabt hätte, wäre da nicht der Sand in meinen Schuhen gewesen. Obwohl ich die Einlegesohlen zweimal ausgeschüttelt hatte, konnte ich immer noch spüren, wie die Sandkörner an meinen Füßen rieben. Zumindest erfuhr ich von Aníbal, der, seitdem wir aufgebrochen waren, ununterbrochen Storys zum Besten gab, dass die Ausstellung eigentlich eine einzige große Installation sei, von der er nicht einmal wusste, wer sie gemacht hatte, sie stand im Souterrain des Atelierhauses von Bekannten, die den Raum jeweils für zwei Monate aufstrebenden Künstlern der Gegend überließen. Aber er wolle, offen gestanden, gar nicht wegen der Installation oder wegen der Freunde dorthin, die er schon länger nicht mehr getroffen habe, sondern wegen seiner Ex-Freundin, die die Ausstellung eröffnen würde und die er seit seinem Wegzug aus der Stadt nicht mehr gesehen habe, zu dem er sich wiederum aufgrund ihrer Trennung entschlossen hätte. An diesem Punkt verlangsamte ich meine Schritte und starrte ihn nervös an. Aber, sagte ich, wenn es darum geht, dann verstehe ich wirklich nicht, warum zum Henker du mich mitschleifen musstest. Schau, hob er an und blieb stehen, ich dachte, du wärst der Einzige, der versteht, warum ich hier sein muss, und auch, dass ich nicht allein kommen wollte. Vielleicht hast du recht, antwortete ich, etwas milder gestimmt, aber ich bin mir keineswegs sicher, ob das die richtige Entscheidung war. Aníbal lächelte, alles wird gut, er boxte mir sanft gegen die Schulter, na, komm schon, und ging schnellen Schrittes wieder los.

Wir waren in einer ziemlich deprimierenden Gegend, überall zwei- bis dreistöckige heruntergekommene Gebäude, ein müder, ungewöhnlich warmer Oktoberwind trieb Müll durch die gleichförmigen Straßen. Nach der dritten oder vierten Ecke verlor ich endgültig die Orientierung, wortlos folgte ich Aníbal, der sich von Zeit zu Zeit umdrehte und wiederholte, dass wir gleich da seien. Schließlich blieben wir vor einem Haus stehen, das sich in nichts von seinen Nachbarn unterschied, und Aníbal klingelte zweimal lang. Ein untersetzter, abgerissener Kerl mit misstrauischem Blick stand in der sich öffnenden Tür, aber als er Aníbal erkannte, grinste er, und sie umarmten sich lange. Wie ich erfuhr, war sein Name Jackson, er war der Gastgeber.

Drinnen hingen nur ein paar Leute herum, man konnte sehen, dass es sich eher um einen vertrauten Freundeskreis handelte als um Eröffnungspublikum, man spürte die heimelige Lockerheit in der Luft, was für einen Außenstehenden wie mich eher einschüchternd war. Ich fühlte mich ziemlich unbehaglich, und da ich keine bessere Idee hatte, füllte ich ein großes Glas aus der Wodkaflasche, die auf dem Küchentisch stand, und setzte mich in eine etwas abgelegene Ecke. Vor lauter Langeweile versuchte ich zu raten, welche der Frauen Aníbals Ex sein mochte, aber aus irgendeinem Grund schien keine eine geeignete Kandidatin abzugeben. Damit vertrieb ich mir ganz gut die Zeit, ich war also nicht besonders erfreut, als der Gastgeber an mich herantrat und nach einigen deprimierend uninteressanten Fragen anfing, mich Richtung Kellertreppe zu drängen, wo auch schon Aníbal stand. Wie ich von diesem erfuhr, waren wir doch nicht zu spät zur Eröffnung gekommen, da seine Ex noch gar nicht da war, und ohne sie würde

man nicht anfangen. Prima, sagte ich und ließ ihn vor-
gehen. Ich zog ein wenig den Hals ein, weil ich gerade so
durchpasste, und folgte ihm nach unten.

Eine Menge unregelmäßig zusammengeschweißter
Eisenstangen bildete die Basis der Installation, was zusammen mit den weiß getünchten Wänden und dem
ebenfalls weiß bemalten Boden gar nicht mal so schlecht
ausgesehen hätte – wenn man die Augen zusammen-
kniff, sah die Konstruktion mit ihren hervorstechenden
schwarzen Konturen wie eine abstrakte Grafik aus –,
aber durch die roten Zwiebeln, die ans Ende der Stangen
gespießt worden waren, wirkte das Ganze verstörend
dilettantisch. Die Zwiebeln waren mit dünnem Kupfer-
draht miteinander verbunden, und für einen Moment,
als aus dem Dunkel meiner Kindheit das Bild einer Zitro-
nenbatterie auftauchte, fragte ich mich, ob sie wohl die
Energie für das elektronische Gerät in der Mitte der
Installation lieferten, aber dann sah ich das Stromkabel,
das enttäuschenderweise aus der Maschine herausragte
und in eine Steckdose in der Ecke des Raums eingestöp-
selt war. Der Boden und Teile der Konstruktion waren
mit feinem weißem Schaum eingesprüht, der drückende
Geruch von Lösungsmittel stand in der Luft. Außer uns
waren noch drei Leute unten, ein Paar in den Zwanzigern,
die die gleiche Ray-Ban mit dickem Rahmen trugen und
sich den versteinerten Gipshaufen in einer Ecke ansahen,
und ein Kerl in den Dreißigern mit eingefallenen Augen.
Aus den Farb- und Gipsflecken auf seinem karierten
Hemd ließ sich schließen, dass es sich um den Künstler
persönlich handelte. Einige Minuten lang starrte er, an

die Wand gelehnt, vor seine Füße auf den Boden, dann trat er zu einem Schalter, der von einer der Eisenstangen hing, und drehte daran. Daraufhin fing die Maschine, die in der Mitte auf einer Plattform platziert war, mit einem ohrenbetäubenden Lärm zu dröhnen an und blies eine klebrige, weiße Masse durch die Gegend, die wie Schneeflocken aus der trichterartigen Öffnung in den Raum flog. Wir wichen zurück und versuchten, die Flocken von uns weg zu wedeln, einige blieben trotzdem in unseren Haaren und an unseren Jacken kleben. Nach zwei Minuten schaltete der Typ im karierten Hemd die Maschine aus und lehnte sich wieder mit dem Rücken an die Wand, während die durch die Luft fliegenden Schaumfetzen sich langsam und lautlos zu Boden senkten.

Ich sah neugierig zur Seite, um Aníbals Reaktion auf das alles zu sehen, aber ich konnte seinen Gesten nicht viel entnehmen, er schaukelte von links nach rechts und versuchte mit zusammengekniffenen Augen und unbewegter, fachmännischer Miene die Konstruktion aus verschiedenen Blickwinkeln zu begutachten. Das junge Paar versuchte kichernd, sich gegenseitig das weiße Zeug aus den Haaren zu entfernen, während der Kerl wie ein Museumswärter mit gefalteten Händen dastand und in die gegenüberliegende Ecke starrte. Wenn ich schon so weit rausgefahren bin, dachte ich, soll es auch einen Sinn haben. Ich trat also an den Kerl im karierten Hemd heran und fragte, ob das sein Werk sei; aha, antwortete er phlegmatisch, meins und das von einem Kumpel. Und darf ich fragen, setzte ich fort, ob es einen Titel hat; ja, antwortete er, Ramses' Auge, oder, fügte er nach kurzem

Schweigen hinzu, Frankensteins letzter Atemzug, das haben wir noch nicht entschieden, es gab mehrere Versionen, am Ende sind diese beiden übrig geblieben. Ich drehte mich wieder zu der Installation, aber die Sache ließ mir keine Ruhe. Und was soll das mit den Zwiebeln, fragte ich weiter, woraufhin der Kerl einen Schritt nach vorn machte, und während er an der Farbe auf seinem Handrücken herumkratzte, sagte er, ohne mich anzuschauen, ich weiß auch nicht, die Zwiebel ist kompliziert und zugleich einfach, und ansonsten ist sie wie ein Augapfel. Ich musste daran denken, dass außer Bananen und Rüben die meisten Obst- und Gemüsesorten als Augäpfel durchgehen könnten, aber das sagte ich ihm lieber nicht. Stattdessen erkundigte ich mich nach den Drähten und der Maschine in der Mitte. Er antwortete, durch die Drähte fließe kein Strom, aber es sollte etwas Mechanisches, Verbindendes zwischen den Zwiebeln sein, das zugleich wie eine elektrische Leitung und wie ein Nervenstrang aussieht, die Maschine wiederum ist die Seele der Installation. Aha, sagte ich, und was ist das weiße Zeug, das aus ihr herauskommt; Kunstschnee, antwortete er. Gut, insistierte ich, aber warum gerade das, woraufhin er mich mit hochgezogenen Brauen ansah und mühselig eine Antwort hervorbrachte, so dass herauszuhören war, dass er langsam genug von meiner Fragerei hatte: Deswegen, weil genau das hierher passt.

Ich glaube, Aníbal fand an dem Kunstwerk etwa genauso viel Gefallen wie ich selbst, zumindest entnahm ich das der Tatsache, dass er, als ich mich zu ihm stellte, nichts sagte, er drehte nur lächelnd den Kopf weg und tätschelte mich auf die Schulter. Wieder oben an der Treppe, stellte ich überrascht fest, dass während wir unten waren, eine ganze Menge Leute zusammengekommen waren. Überall standen in kleineren und größeren Gruppen Gäste mit verschiedenen Getränken in der Hand, die Wohnung war erfüllt von Geräuschwolken aus Gesprächen, Gelächter und Einander-Zuprosten.

Da ich Aníbal erneut aus den Augen verlor, schlenderte ich zurück zu der Ecke, wo ich zuvor gesessen hatte. Meinen Platz hatte ein Mädchen eingenommen, aber unter dem Stuhl stand noch mein Glas mit einem letzten Schluck Wodka. Ich bat sie um Verzeihung und bückte mich, um das Getränk zu nehmen, und als ich mich wieder aufrichtete, hielt sie mir schon ihr Glas hin, um mit mir anzustoßen. Ich bin Cathy, sagte sie, sie sah mir fest in die Augen, aber sie lächelte nicht dabei. Ich stellte mich vor, zog einen Stuhl heran und setzte mich neben sie, dabei merkte ich, dass die Wodkaflasche neben ihrem Fuß stand. Sie sah wohl, dass ich die Flasche ansah, und fragte, ob ich was haben wolle. Sie schenkte uns beiden ein, dann stießen wir wieder an und tranken alles auf einmal, woraufhin sie endlich lächelte. Die nächste Runde schenkte sie schon ohne zu fragen in mein Glas. Sie nahm natürlich sofort meinen Akzent wahr, und eine Weile unterhielten wir uns darüber, woher ich kam, was ich hier machte und wie mir die Stadt gefiel, so auf den ersten Blick. Anschließend schwiegen wir und tranken wieder, dann fing ich an, sie auszufragen, und es stellte sich heraus, dass auch sie eine Art Künstlerin war, wie jeder um uns herum, nehme ich an. Nach einer Weile kam die Rede auf die Installation, ich fragte sie, ob sie sie gesehen habe; heute nicht, entgegnete sie, aber als sie gemacht wurde, habe sie sich alles mehrmals angesehen, weil ihr Ex sie gemacht habe. Also ist der Typ, der unten die Maschine ein- und ausschaltet, dein Ex, fragte ich; ja, wir haben schon seit einem Jahr eine On-Off-Beziehung, sagte sie, jetzt gerade in der Off-Phase. Daraufhin fing ich heftig zu nicken an, um zu zeigen, dass ich wusste, wie so etwas ist, und ich wusste es wirklich, ich war kurz zuvor durch etwas ganz Ähnliches gegangen, zum Glück kam ich da ganz gut heraus. Das Mädchen war übrigens ausgesprochen hübsch, nicht magazincoverhübsch, sie hatte etwas Ungleichmäßiges an sich, aber genau das machte sie so unberechenbar anziehend. Noch dazu schien sie erfrischend klug zu sein, auch wenn sie sich bemühte, das hinter ihrer aufgesetzten Coolness zu verbergen.

Ich wollte sie gerade ausfragen, was genau ihre Meinung über Ramses' Auge sei, als jemand gegen sein Glas schlug, um die Versammelten um Ruhe zu bitten. Soweit ich es hören konnte, war es Jackson, der Gastgeber, der alle darum bat, in den Keller zu gehen, die Eröffnung würde beginnen. Der Raum leerte sich schnell, für einen Moment sah ich auch Aníbal neben einem Mädchen mit Twiggy-Frisur auf die Treppe zugehen, aber ich hatte keine Lust mehr, mich da unten reinzuquetschen, und der Wodka tat auch seine Wirkung. Als mich also Cathy fragte, ob ich mir die Rede anhören würde, antwortete ich mit einem knappen und bestimmten Nein. Darüber lachte sie herzlich, aber auch sie rührte sich nicht, und als ich das zur Sprache brachte, zuckte sie mit den Achseln und sagte nur, dass sie all dies überhaupt nicht interessiere. Und was sagst du zu der Installation, fragte ich schließlich; na ja, sie ist ziemlich unausgegoren, sagte sie, aber sie hat irgendwie was, und die Zwiebeln fand ich besonders schön. Darüber musste wiederum ich lachen, woraufhin sie mir noch einen Wodka einschenkte, und erst als wir den ausgetrunken hatten, fingen wir an, halb im Scherz über die Sache zu streiten.

Wir konnten einander natürlich nicht überzeugen, aber wenigstens amüsierten wir uns, und die Zeit verging dabei so unmerklich, dass wir, als die Leute wieder hochzukommen begannen, dachten, unten wäre irgendwas vorgefallen, aber dann stellte sich heraus, dass das Ganze einfach zu Ende war. Mir gefiel Cathys Humor, besonders, dass sie, je betrunkener sie wurde, mit umso beißenderen Pointen die Mitglieder der um uns herumstehenden Versammlung vorstellte. Es handelte sich tatsächlich um einen großen Freundeskreis, jeder schien jeden zu kennen, und als wir nach beruflichen Eifersüchteleien und Querelen zu dem Thema kamen: »Wer hatte was mit wem?«, zeichnete sich eine unentwirrbar komplizierte Landkarte vor meinen Augen ab. Auch über Aníbal und seine Flamme erfuhr ich einige pikante Details, und dabei wurde deutlich, dass sich das, was Aníbal in der U-Bahn erzählte, ziemlich von dem unterschied, woran Cathy sich erinnerte. Während wir uns darüber unterhielten, fiel mir ein, dass wir uns langsam auf die Socken machen sollten, wenn wir es zu dem verabredeten Treffen mit den anderen schaffen wollten. Der Wodka war auch alle, also sagte ich zu Cathy, ich würde etwas zu trinken besorgen und nach meinem Freund suchen, aber ich sei gleich zurück, worauf sie fröhlich erwiderte, sie würde sich nicht von der Stelle rühren.

Es geschah, was ich befürchtet hatte, ich konnte Aníbal nirgends finden, also überwand ich mich und fragte Jackson, der an der Küchentheke lehnte und lauthals irgendwas erzählte, ob er ihn gesehen habe, egal, wie peinlich das vor den anderen, die um ihn herumstanden, auch war. Er denke, er sei in den Hof hinterm Haus gegangen, antwortete er, aber er sei sich nicht sicher, ob man ihn jetzt stören sollte, worauf die nicht mehr ganz nüchterne Truppe mit Grölen und Gejohle reagierte. Ich blies theatralisch die Luft aus, als wäre ich ein eifersüchtiger Ehepartner, um der Sache die Schärfe zu nehmen, was mir auch gelang, die Leute um uns herum lachten wieder, und ich ging zur Hintertür.

Ich sah sie sofort, als ich in den Hof trat, sie standen im Halbdunkel und umarmten sich schweigend, und als sich meine Augen an die Lichtverhältnisse draußen gewöhnt hatten, sah ich auch, dass der Rücken des Mädchens zitterte, die Schulterblätter, die sich durch ihr T-Shirt abzeichneten, schlugen rhythmisch unter dem Stoff, als wären es abgeschnittene Flügel. Ach du Scheiße, dachte ich, aber ich konnte nicht anders, ich zischte vorsichtig, um anzuzeigen, dass ich da war. Nach einer Weile hob Aníbal den Kopf von der Schulter des Mädchens, sah mir in die Augen und zeigte mit vorgehaltener Handfläche, noch einen Moment. Er flüsterte dem Mädchen etwas ins Ohr, ließ sie stehen und kam langsam zu mir.

Was ist, fragte er. Pass auf, sagte ich, wir müssen los, sonst kommen wir nicht rechtzeitig an. Er strich sich besorgt über die Stirn, rieb sich die Schläfen und erklärte, schau mal, ich kann jetzt hier nicht weg, du siehst ja selbst. Ich blickte zu dem Mädchen, das noch genauso dastand, als könnte es sich nicht rühren, die abgeschnittenen Flügel schlugen immer noch unter ihrem T-Shirt. Ich wurde nervös, ich hatte nicht damit gerechnet, dass ich allein zurück musste. Ich hatte weder einen Stadtplan bei mir noch eine Bankkarte, ich hatte am Vormittag alles im Hotel gelassen, und mein Telefon konnte sich aus irgendeinem Grund nicht mit dem hiesigen Netz verbinden. Ich hatte also nur meinen Pass, sechzig Dollar in der Tasche und den Zettel, auf den ich den Treffpunkt aufgeschrieben hatte. Am liebsten hätte ich Aníbal angebrüllt, aber das hätte auch nichts geändert, also sagte ich nur trocken, dann gehe ich jetzt, er solle auf sich aufpassen, und tätschelte seinen Arm, woraufhin er mich unerwartet fest umarmte. Er riecht nach Tränen, dachte ich, als mein Gesicht auf seiner Schulter landete, dann fiel mir ein, dass zuvor der Kopf des Mädchens an der Stelle war, wobei mich plötzlich, ich weiß nicht wieso, regelrecht Ekel erfasste. Ich befreite mich aus der Umarmung und machte mich auf den Weg nach draußen, aber in der Tür schaute ich mich noch einmal um und sah, wie Aníbal wieder zu dem Mädchen zurückging und sie wieder die Position einnahmen, in der sie zuvor gestanden hatten.

Auf dem Küchentisch fand ich eine weitere Flasche Wodka, in der noch ein bisschen was war, ich nahm sie an mich und beeilte mich in die Ecke zurück, wo Cathy tatsächlich noch saß, und als sie mich sah, begann sie mit zur Seite geneigtem Kopf, breit, fast schon entstellt zu grinsen, als würde sie sich über meine Rückkehr freuen, und das war in dem Moment vielleicht wirklich so. Ich hab ein Problem, sagte ich zu ihr, während ich einschenkte, Aníbal und seine Freundin weinen hinten im Hof, aber ich müsste jetzt los. Plötzlich wurde auch Cathys Gesicht düster, sie stürzte den Wodka hinunter, und kaum, dass sie ihn hinuntergeschluckt hatte, fragte sie, wohin ich ginge. Ich kramte den Zettel mit der Adresse hervor, sie warf einen Blick darauf und entgegnete kopfschüttelnd, das ist nicht gerade in der Nähe, das dauert ewig, es sei denn, du nimmst ein Taxi. Verdammte Scheiße, sagte ich, daraufhin sah sie mich an, dachte ein wenig nach und schlug vor, ich solle noch einen Wodka mit ihr trinken, danach helfe sie mir hinzukommen.

Auf der Straße gingen wir bereits untergehakt und laut lachend. Fast alles wirkte komisch und unernst, selbst die ärmlichen Gebäude sahen freundlicher aus als bei unserer Ankunft, in der mildtätigen Dunkelheit verschwand die enttäuschende Monotonie vor meinen Augen, ebenso wie der Müll, der sich am Fuß der Haus-wände und an den Zäunen gesammelt hatte. Ich wusste immer noch nicht, wo wir waren, aber Cathy führte mich selbstsicher von einer Ecke zur nächsten, bis wir an eine größere Kreuzung kamen, wo wir nach kurzem Warten tatsächlich ein Taxi heranwinken konnten. Ich geh mit dir, sagte das Mädchen, aber dessen war ich mir auch ohne Worte schon sicher. Der Fahrer war ein älterer Mann mit einem Turban, und seine Englischkenntnisse waren so spärlich, dass er nicht verstand, als Cathy ihm die Adresse nannte, ich musste ihm den Zettel geben, damit er sie ablesen konnte. Im Auto sitzend, unterhielten wir uns weiter über Aníbal und seine Freundin, über die Partygäste, die wir zurückgelassen hatten, über die verworrenen Vorstellungen der jungen Brooklyner Künstler, was Beziehungen anging, darüber, dass sie das Kinderkriegen immer weiter hinausschoben, und darüber, wie sehr Cathy es müde geworden war, sich zu fühlen, als würde sie ihre Tage in einer vertratschten Kleinstadt fristen, wo sie doch in New York lebte. Ich kann mich nicht mehr erinnern, ob sie sich auf mich zubewegte oder ob ich mich zu ihr beugte, aber von einem Augenblick zum nächsten fingen wir an uns zu küssen. Obwohl sie so viel Wodka getrunken hatte, schmeckte ihr Mund ausgesprochen gut. Als sich ihre Zunge gegen meinen Gaumen drückte und sich beinahe um meine wickelte, hatte ich das Gefühl, ihr Geschmack ströme in mich herüber und fülle mich aus, und mir war, als würde sie mich zärtlich ein wenig nüchterner machen. Ich wollte gar nicht mehr von ihrem Mund lassen, ich saugte mich quasi an ihren Lippen fest und ließ sie nur für die wenigen Augenblicke los, in denen ich ihr Gesicht mit kleinen Bissen bedeckte, damit sie Zeit zum Luftholen hatte. Mir schien, sie genoss es auch, mal hielt sie meine Zunge mit den Zähnen fest, mal keuchte sie in meinen Hals und krallte sich mit ihrer rechten Hand an meinem Oberschenkel fest, an meiner Seite, dann wieder an meinem Schenkel, immer weiter nach innen. Hätte ihr Telefon in der Tasche nicht angefangen zu vibrieren, hätten wir wahrscheinlich den gan-

zen Weg über geknutscht, auch so brauchte es eine Weile,
bis wir uns voneinander lösen konnten. Wer immer sie
da auch suchte, war sehr beharrlich.

Ich rutschte etwas weg von ihr und lehnte mich zurück, wir fuhren über immer breitere und hellere Straßen, zwischen immer höheren Häusern. Es war schön,
sich umzusehen, mein Mund war immer noch voll mit
ihrem Geschmack und mein Kopf mit möglichen Sze-
narien, wie es weitergehen könnte. Ich sah sie an, sie
sprach zusammengekauert ins Telefon, sich das linke
Ohr zuhaltend, ganz ans Fenster gerückt, so leise, dass
ich kein Wort verstand. Wieder betrachtete ich eine
Weile die Stadt, und mir schien, als erstrahlten die
Lichter der Wolkenkratzer Manhattans in der Ferne.
Ich sah wieder zu Cathy, sie saß noch genauso da, zum
Fenster gedreht, zusammengekauert, aber nach einer
Weile merkte ich, dass sie nicht mehr telefonierte. Als
sie mich ansah, bemerkte ich sofort, dass sie Tränen im
Gesicht hatte. Was ist los, fragte ich, stimmt etwas nicht.
Ich bin so dumm, sagte sie und fing zu schluchzen an,
so dumm, so dumm, und schlug sich mit der Faust aufs
Knie. Aber was ist passiert, fragte ich und strich ihr über
die Schulter, woraufhin sie sich noch mehr zusammen-
zog, ihr Körper verkrampfte sich regelrecht, als sie die
Worte aus sich herauspresste, sei mir nicht böse, bitte,
ich wollte dich nicht verletzen. Ich wusste nicht, was ich
tun sollte, man konnte nicht an sie herankommen, egal,
was ich sagte, sie schüttelte immer nur den Kopf und
weinte wimmernd. Dann sah ich, dass sie sich ein wenig
aufrichtete, sie wischte sich mit dem Ärmel ihres Pullo-

vers übers Gesicht, klopfte an die Plexiglasscheibe und sagte durch das kleine Fenster zum Fahrer, Verzeihung, könnten Sie mich an der Ecke rauslassen. Nachdem sie ausgestiegen war, sah sie für einen Moment zurück zu mir, sagte aber nichts, sie winkte nur zögernd und warf die Tür zu.

Die Stille, die sie hinterließ, presste mich in den Sitz und schnürte mir die Kehle zu, barg aber auch etwas von unserer Umarmung, vielleicht nur die Hitze, die immer noch in meinen Gliedern steckte, während wir auf die Brücke fuhren. Es war wunderschön, wie zwischen den Pfeilern die riesigen Wolkenkratzer am anderen Fluss-ufer auftauchten, als würden sie gerade aus der Erde wachsen, sie funkelten vor dem unbewegten Hinter-grund des dunklen Himmels. Ich war völlig überwältigt von dem Anblick, erst als wir von der Brücke hinunter-fuhren, fiel mir ein, dass ich nicht genug Geld für die Fahrt hatte, nachdem Cathy ohne zu bezahlen ausgestie-gen war. Ich klopfte an die Scheibe und sagte in einfa-chem Englisch, langsam und deutlich artikulierend, dass ich nur sechzig Dollar bei mir hätte. Der Kerl fing in einer mir unbekannten Sprache zu brüllen an und fuchtelte mit erhobenem Zeigefinger in der Luft, dann wechselte er zu Englisch und wiederholte mehrmals, *not enough.* Kurz nach der Ausfahrt, noch unter der Brücke, hielt er an und fing, sich nervös hin und her drehend, wieder in jener unbekannten Sprache zu erklären an. Er zeigte zur Taxiuhr, die bei Fünfundsechzig stand, *sorry, really sorry*, sagte ich und reichte ihm die Geldscheine durchs Fenster. Schließlich winkte er ab und nahm sie, ich schob mich aus dem Auto und wartete am Straßenrand, bis er mit lautem Quietschen davonfuhr. Ich sah ihm hinterher, und erst Minuten später fiel mir auf, dass er mir den Zettel mit der Adresse nicht zurückgegeben hatte. Egal, dachte ich, bis ich dort ankäme, würde ich sowieso niemanden mehr antreffen.

So hell die Stadt in den oberen Regionen auch erstrahlte, tief unten, am Fuße der Hochhäuser, an den Kais und am Rand der Hauptstraße konnte sich die Dunkelheit fast undurchdringlich verdichten. Ich sah mich um, alles war voller Rost, voller Ölflecken. Nur selten fuhr ein Auto entlang, das Licht der Scheinwerfer fiel auf eine verbeulte Leitplanke und etwas weiter weg auf einen an mehreren Stellen zerrissenen Drahtzaun. Ich lief in die entgegengesetzte Richtung los, weiter in der Deckung der Brücke, und während ich ging, hatte ich wieder das Gefühl, feine Körnchen unter meinen Fußsohlen zu haben. Ich lehnte mich an eine Betonsäule und zog erst den einen, dann den anderen Schuh aus und klopfte sie kopfüber aus. Tatsächlich war noch etwas Sand darin, ich schüttelte den Kopf, während ich ihn vor mich streute, und plötzlich hatte ich das Gefühl, jemand steht hinter mir. Tatsächlich, es war ein Obdachloser, soweit ich das sehen konnte, seine verschwommene Silhouette stand reglos, zwei riesige Plastiktüten balancierend, wenige Schritte von mir entfernt. Alles in Ordnung, Sir, fragte der Mann, seiner Stimme nach ein Schwarzer; ja, sagte ich und fragte, wo ich hier sei. Mein Herr, antwortete er, ungläubig den Kopf schüttelnd, zumindest schien es mir so, unter der Manhattan-Brücke, sagte er und lachte schnaubend, dann drehte er sich um und ließ mich stehen. Ich versuchte mich an den Stadtplan in meinem Kopf zu erinnern, aber als ich mich wieder umsah, wurde mir klar, dass ich nicht viele Optionen hatte. Ich machte mich in die Richtung auf, in der ich mein Hotel in der Ferne vermutete, und während ich ging, beobachtete ich die riesige, verschlungene, fast abstrakte Stahlkonstruktion der Brücke, die im herabfallenden Licht immer feiner wurde, und fing plötzlich an zu verstehen.

Der dritte Mann

Der Schlag traf ihn so unerwartet und mit so einer Wucht, dass er nicht einmal Zeit hatte zu schreien, gleichzeitig war es, als seien lange Minuten vergangen von dem Moment, als seine Knie einknickten, bis zu dem, als er auf dem schmutzigen Asphalt zu liegen kam; noch dazu sah er es irgendwie von außen, wie er in Zeitlupe zusammenbrach, sein Gesicht und sein Gesäß wurden von einer heißen Flüssigkeit überflutet, bevor er von der Dunkelheit verschluckt wurde. Die anderen beiden starrten ihn wortlos, keuchend an, und der, der ihn niedergeschlagen hatte, hielt seine pochende Faust wie einen fremden Gegenstand vor sich und betrachtete sie, sie langsam vor seinen Augen drehend, so erschrocken, als befürchtete er, erneut zuzuschlagen, mehrmals, unaufhaltsam. Aber nichts dergleichen geschah, im rieselnden

Laternenlicht erstarrte die auf dem Boden liegende Gestalt wie auch die anderen beiden in der Pose, die sie nach dem Schlag eingenommen hatten, wie eine irrtümlich mitten auf der Straße aufgestellte Statuengruppe.

Er hatte seine tägliche Runde am Vormittag auf dem Markt angefangen, spazierte zwischen den Ständen hin und her, sah sich um, fragte, nahm mal einen Apfel, mal einen Broccoli in die Hand, roch daran, kaufte aber nichts. Die Verkäufer kannten ihn vom Sehen, manch einer grüßte ihn auch, Guten Tag, János, aber da er nicht zu den besonders zutraulichen Käufern gehörte, betrachteten sie die Unterhaltung nach einem Lächeln auch schon als beendet. Er war selbst für das Lächeln dankbar, und noch mehr dafür, dass sie ihn nicht mit überflüssigen Fragen belästigten. Sobald er im Freien durch war, spazierte er in die Markthalle und drehte auch dort erst einmal eine Runde, sicher ist sicher, bevor er zu den Verkäufern ging, bei denen er normalerweise einkaufte. Er war offen für Neues, aber treu. Er mochte diese ramponierte, hundert Jahre alte Markthalle, vielleicht bewunderte er sie sogar, worüber sein Partner immer lachen musste. Vergebens erklärte er ihm, dass das nicht die gleiche Bewunderung war wie die, die man empfindet, wenn man, sagen wir, zur Sagrada Família hochschaut, sie ist alltäglicher, aber eben deswegen auch realer. Und wenn er ehrlich sei, habe die Markthalle auf dem Hunyadi-Platz einen größeren Einfluss auf sein Leben als Gaudís Riesenkirche. Nicht Schönheit oder Erhabenheit zogen ihn an diesem reichlich mitgenommenen Gebäude an, sondern die unzähligen Schichten geduldig ertragener Bitterkeit. Der Kontrast zwischen den mehr als hundert Jahre alten riesigen Stahlbögen, die die Dachkonstruktion hielten, und den unter sie gebauten lächerlichen Betonkästen, die schlecht ausgeführten Renovierungen, die Spuren ungeschickter, unvollendeter Modernisierungsversuche, die die Wände bedeckende hässliche Ölfarbe und das Ensemble der darunter hervordringenden Schimmel- und Salpeterflecken war für ihn gleichzeitig deprimierend und schön, und im Endeffekt konnte man ihrer, er fand kein besseres Wort dafür, nie überdrüssig werden.

Er legte einige Paprika und Tomaten, drei Auberginen und eine Handvoll Äpfel in den Korb, das reichte ihm, er mochte es nicht, auf Vorrat zu kaufen, lieber kam er jeden Tag her, wenn er etwas brauchte. Er füllte den Einkauf in seinen Jutebeutel um, dann reichte er am Geflügelstand den mitgebrachten Eierbehälter rüber, und damit war er im Großen und Ganzen auch schon fertig. Es fehlte von seiner Liste noch eine Packung brauner Zucker, die kaufte er im kleinen Lebensmittelladen neben der Markthalle, von dort aus spazierte er in der unerwartet starken Aprilsonne blinzelnd Richtung Ring. Er ging langsam, er hatte es nicht eilig. Er sah zu, wie eine junge Mutter mit Kinderwagen sich an der hohen Bordsteinkante abmühte, es gelang ihr einfach nicht, ihn hochzubugsieren, und mit einem Auge schaute er, ob einer von denen, die vor der Eckkneipe auf Plastikstühlen saßen und ihr Bier tranken, der Frau helfen würde. Die Männer rührten sich nicht, sie stierten vor sich hin, unterhielten sich mit großen Pausen und rissen die durchweichten Etiketten in kleinen Fetzen von den beschlagenen Bierflaschen in ihrer Hand. Kaum zehn durch und die trinken hier schon, dachte er, während er an ihnen vorbeiging, aber er empfand keine Verachtung, Mitgefühl allerdings auch nicht.

Sein Partner war in praktischen Dingen immer schon ungeschickt gewesen. Tomaten kaufte er unreif, die Paprika war wässrig, und ihm eine Liste zu schreiben war vollkommen überflüssig, denn die ließ er entweder zu Hause liegen oder verlor sie unterwegs, und wenn er sich mal dazu durchrang zu kochen, war das Ergebnis fast sicher ungenießbar. Sie hatten sich ganz am Anfang darauf geeinigt, auf eine feste Rollenverteilung zu verzichten, aber im Laufe der Jahre mussten sie einsehen, dass man sich gegen gewisse Veranlagungen nicht stemmen kann. Ähnlich war es mit den Rechnungen, sein Partner war einfach unfähig, Ordnung unter den einzuzahlenden Belegen zu halten, er öffnete die Briefe und warf sie beiseite, so dass die Monate ständig durcheinandergerieten und keiner mehr den Gezeiten von Verzug und Überzahlung folgen konnte. Diese eine Sache nahm er noch auf sich, alles andere blieb an seinem Partner hängen. Feri liebte es zum Beispiel ausgesprochen, den Abwasch zu machen und zu saugen, und Hemden bügeln oder den Krawattenknoten elegant binden konnte er auch. Alles in allem empfanden sie ihren jeweiligen Anteil am Haushalt als ausgewogen, auch wenn es von Zeit zu Zeit zu kleineren Ausschlägen in die eine oder andere Richtung kam. Als János unerwartet verrentet wurde, hatte er für einen Moment das Gefühl, Feri würde versuchen, ihm mehr Aufgaben aufzubürden, als hätte er sonst gar nichts mehr zu tun, dabei nahm er weiterhin Heimarbeit an, und aus dem Lehrbuchverlag, für den er seit dreißig Jahren arbeitete, rief man ihn auch ab und zu an, ob er nicht eine dringende Veröffentlichung übernehmen könnte. Sein Partner hatte noch einige Jahre bis zur Rente, er war ein wenig jünger, obwohl man den Altersunterschied an ihrem Äußeren nicht ablesen konnte. Feris Gesicht war sogar ein wenig faltiger, irgendwie schien er immer ein wenig müde zu sein, aber das war vielleicht nur wegen der ständig sichtbaren Bartstoppeln. Er selbst war stets sehr anspruchsvoll gewesen, was die Rasur anging, er mochte feine Gesichtswasser und Schäume mit dezentem Duft, und wenn es etwas gab, das er verabscheute, dann waren das Einwegrasierer. Sein Partner hingegen benutzte einen Rasierapparat, und auch das nicht jeden Tag, wenn es ihm einfiel, fuhr er sich mit dem Apparat einfach so, zack-zack, wie er sagte, übers Gesicht.

In der kleinen Postfiliale, die János betrat, waren nur zwei Bedienfenster offen, und vor beiden standen schon einige Leute an. Während er wartete, kramte er sein Portemonnaie unter dem Einkauf hervor, und die drei gelben Einzahlungsbelege, die vergangene Woche gekommen waren, aus der Innentasche seines Sakkos. Obwohl er Anstehen hasste und die Hauptpost nicht weit weg war, wo er die Einzahlungen sicher schneller erledigt hätte, hing er an dieser kleinen Filiale. Er kannte einen Großteil der Angestellten, er wusste, wie sie hießen, und vielleicht empfand er den Service deswegen nie als so mechanisch wie in den größeren Filialen. Hier fragte man ihn nicht, ob er ein Lotterielos wollte, sondern, ob heute Black-Jack- oder Pharao-Tag war. Er kaufte jedes Mal ein Los, wenn er hier war, unter den wenigen Lastern, die er hatte, erwies sich dieses, harmlos wie es war, als das beständigste. Seinem Partner gegenüber erwähnte er das Los nur, wenn er gewann, Feri wusste vermutlich sowieso Bescheid.

Nur noch ein jüngerer Mann, ein Student vielleicht, stand vor ihm, mit einigen großen Umschlägen unter dem Arm und neongelben Ohrhörern in den Ohren. Was da wohl für Musik drin spielt, fragte er sich und hätte die Frage gerne tatsächlich gestellt, und sei es nur, um einige Worte mit dem Jungen zu wechseln, von dem er auf die Schnelle nicht sagen konnte, ob er ihn an sich selbst in jungen Jahren erinnerte oder eher an seinen Partner, auf jeden Fall durchfuhr ihn ein angenehmes Kribbeln, als er seinen Blick in den Hinterkopf des Jungen bohrte. Der Anblick des dichten, schwarzen Haars fesselte ihn so sehr, dass er eine Weile gar nicht mitbekam, dass sich ihm aus der Kabine ein Gesicht zugewandt hatte. Der Junge beugte sich gerade vor und zählte die Münzen, die er aus seinem Portemonnaie auf das Metalltablett in der Fensteröffnung geschüttet hatte, und der Postbeamte schaute über ihn hinweg und starrte János direkt an. Als er es bemerkte, nickte er dem Mann etwas beklommen zu und senkte den Blick, als hätte er plötzlich etwas auf dem Fußboden gesehen. Es war nicht die instinktive Angst, die ihn zusammenzucken ließ, der Postbeamte hätte gesehen, was für Gedanken ihm durch den Kopf gingen, nicht die Angst, entlarvt zu werden, er

wurde von einer tiefer sitzenden, aus seinen Eingewei-
den aufsteigenden Verzweiflung überwältigt. Was ist das,
fragte er sich, immer noch auf seine Schuhspitzen starrend, und wischte sich den ausbrechenden Schweiß von
der Stirn. Diesen Postler hatte er noch nie hier gesehen,
dennoch hatte er das Gefühl, ihn von irgendwoher zu
kennen, als wäre es nicht das erste Mal, dass er diesem
tief im Gesicht sitzenden, wie aus einem Versteck lauern-
den graugrünen Augenpaar begegnete. Aber vielleicht
irrte er sich, vielleicht war das auch nur eine seiner nicht
gerade seltenen falschen Vorahnungen. Der Junge jedenfalls war fertig mit Zählen, János blieb nichts anderes
übrig, als vor die Plexiglaswand zu treten.

Guten Tag, sagte er leise und schluckte. Der andere
blickte vom Monitor hoch, lächelte ihn an und sagte
freundlich, vielleicht sogar zu freundlich, guten Tag,
mein Herr, was kann ich für Sie tun? Er gab ihm die Einzahlungsbelege, ohne ihn dabei aus den Augen zu lassen.
Sind Sie neu hier, fragte er schließlich und versuchte sein
Gesicht anzuspannen, damit man weder Verdacht noch
übertriebenes Interesse darin ablesen konnte. Mein erster Tag, sagte der Postler, die Filiale, in der ich bis jetzt
war, hat man geschlossen. Sie haben ein gutes Auge,
fügte er hinzu und lachte. Die Stimme war unverwechsel-
bar, sie zischte wie Wasser, in das heißes Eisen getaucht
wurde. János musste sich für einen Moment am Pult festhalten, so schwindlig wurde ihm, die kleine Filiale drehte
sich einmal um ihn, und aus dem Lärm, der sich aus den
Gesprächsfetzen der Wartenden, dem Piepen der Computer und dem Rattern der Drucker bildete, hörte er immer

wieder dieses zischende Lachen heraus. Geht es Ihnen nicht gut, fragte eine Frauenstimme hinter ihm; alles in Ordnung, danke, antwortete er, nahm einen Zehntausender aus seiner Brieftasche und reichte ihn mit zitternder Hand durch das Fenster. Der Postler nahm ihm die Banknote ab und zählte mit ungebrochenem Lächeln das Rückgeld ab. Sie erkennen mich wohl nicht, fragte János schließlich, er konnte nicht widerstehen, er wollte unbedingt das andere Gesicht des Postlers sehen, aber der sah weiterhin nur unschuldig zu ihm heraus und sagte, mein Herr, ich bin wirklich heute erst hierhergekommen und glaube nicht, dass wir uns an meiner alten Arbeitsstelle begegnet sind. Er hätte ihn noch gerne etwas gefragt, aber die hinter ihm stehende Frau sprach ihn nervös an, wenn er nichts weiter wolle, warum halte er die Schlange auf, also nahm er die Einkaufstüte auf die Schulter und machte sich grußlos auf den Weg nach draußen.

Das Geheimnis bei gefüllten Auberginen ist, wie lange man sie stehen lässt, nachdem man sie ausgekratzt und gesalzen hat. Wenn man zu lange wartet, werden sie bitter, und wenn nicht lange genug, tritt der Geschmack nicht hervor, darauf achtete er stets, aber nun war er so in Gedanken versunken, dass er, als er mit der halb geschälten Zwiebel in der Hand wieder zu sich kam, schon wusste, dass sie ihm diesmal nicht gelingen würden. Sie werden nicht ungenießbar, aber auch nicht richtig gut. Er knallte das Schälmesser auf den Tisch. Es war noch eine Stunde, bis sein Partner nach Hause kam, und er hatte geplant, ein leichtes, nahrhaftes Mittagessen zu kochen. Das aus dem Tiefkühler genommene Gehackte taute auf dem Tisch auf, die Tomaten und die Paprika hatte er schon kleingeschnitten, er mühte sich gerade mit tränenden Augen mit der Zwiebel ab, als er spürte, dass er etwas tun musste. Die Wut fing wie ein erwachender Geysir in ihm zu brodeln an, er wurde von Hitze überflutet, er schwitzte, am liebsten hätte er den Mülleimer zu seinen Füßen umgetreten. Er sprang auf und eilte mit klatschenden Pantoffeln in die Kammer. Auf dem obersten Regalbrett stand eine Flasche Whisky, ein Bekannter hatte sie ihnen letztes Jahr geschenkt, Feri trank manchmal davon, aber die Hälfte war noch da. Er nahm die Flasche aus dem Regal und drehte sie vor sich, ein zwölf Jahre alter *Famous Grouse*, er verstand nichts davon, vielleicht ist es ein miserabler Whisky, dachte er, aber er brauchte jetzt etwas Starkes. In der Küche füllte er ein halbes Wasserglas voll und nahm einen großen Schluck. Es lief ihm kalt den Rücken hinunter, er musste husten, das Getränk pflügte über seine Speiseröhre, aber irgendwie half es doch. Er nahm noch einen Schluck, diesmal etwas weniger, und drehte die Flüssigkeit ein wenig mit der Zunge, bevor er schluckte. Beim zweiten Mal schmeckte es schon besser, ein Kribbeln breitete sich in seinen Gliedern aus, zog die Schulterblätter zusammen und füllte den Magen mit angenehmer Wärme. Das war nicht so ein trockenes, heißes Pochen, wie er es zuvor in seiner Wut empfunden hatte, sondern eine heimelige, sanfte Welle, als wäre er neben einen geheizten Kachelofen getreten. Der letzte Schluck rutschte fast von allein hinunter, und mit ihm zog sich auch die Wut in eine niedrigere, weniger bedrohliche Region zurück. Er musste sich für eine Minute setzen, dann stand er wieder auf, trat zu der feuerfesten Form, die auf dem Küchentresen stand, gab einige Tropfen Olivenöl hinein, streute gehackten Knoblauch darüber und legte zwei Zweige Rosmarin auf den Boden des Topfes. Die Füllung rührte er schnell zusammen, strich sie in den ausgehöhlten Auberginen glatt und schob das Ganze in den Backofen. Eine halbe Stunde wird reichen, sagte er vor sich hin, setzte sich wieder auf den Stuhl und ließ den Oberkörper auf den Tisch fallen.

Feri, ich glaube, du verstehst nicht, wovon ich rede, sagte er zu seinem Partner und warf sein Besteck auf den Teller. Um Gottes willen, erhob er die Stimme, weißt du, von wem die Rede ist oder hast du schon alles vergessen? Sein Gegenüber wartete eine Weile, schaute vor sich hin und sagte dann gedämpft, beinahe flüsternd, ich habe gar nichts vergessen, aber ich finde nicht, dass das eine gute Idee ist, und es ist gar nicht sicher, dass er es ist. János, fügte er etwas milder hinzu, du bist aufgewühlt, du hast getrunken, ich glaube nicht, dass du das wirklich willst. Doch, genau das will ich, erwiderte János, ich habe das Recht dazu, und er hat die Pflicht, mir Rede und Antwort zu stehen. Warum sollte es seine Pflicht sein, fiel ihm Feri ins Wort, niemand kann ihn dazu zwingen, mit dir zu reden. Dann werde ich es tun, war die knappe Antwort, was gleichzeitig das Ende der Unterhaltung bedeutete. Sie schauten einander noch eine Weile an, János schenkte sich den Rest des Whiskys ein, trank ihn aus und räumte den Tisch ab.

Zehn Minuten nach fünf verließen sie die Wohnung. Feri fragte noch einmal, ob sie nicht lieber zu Hause bleiben wollten, aber János war unnachgiebig. Sie gingen wortlos nebeneinander her, dann setzten sie sich unweit der Postfiliale auf eine Bank, von der aus man den Eingang im Blick hatte. Die Filiale schloss um fünf, aber die Angestellten waren noch drinnen, Gestalten in weißen Hemden wankten hinter den trüben Scheiben hin und her. Langsam senkte sich ein klarer Frühlingsabend über die Stadt, die Sonne war noch nicht ganz untergegangen, aber ihre Kraft ließ von Minute zu Minute nach, und als die Schatten immer länger wurden, zogen auch die Passanten ihre Jacken immer enger um sich. Wie weit willst du ihn verfolgen, wandte sich Feri an seinen Partner und schob mit dem Zeigefinger die Brille auf seiner Nase hoch. So weit, wie es nötig ist, antwortete János und lehnte sich, den Ellbogen auf die Knie aufgestützt, nach vorn, den Eingang der Post nicht für einen Augenblick aus den Augen lassend. Das ist Wahnsinn, seufzte Feri, was versprichst du dir davon, wenn er um Entschuldigung bittet, seine Sünde gesteht und du ihm die Absolution erteilst? Ich werde ihm nicht die Absolution erteilen, flüsterte János vor sich hin. Radfahrer, Gassigeher und laut lachende Teenager zogen an ihnen vorbei, aber sie nahmen dieses lebhafte Treiben fast nicht wahr. Sie waren außen vor, aber sie waren auch außerhalb ihrer selbst, sie saßen dort und saßen gleichzeitig nicht dort, sie waren sie, János und Ferenc, nebeneinander, aber sie konnten wieder nicht ganz die sein, die sie waren. Wieder hat jemand seinen Fuß in die Tür gestellt, fiel Feri ein, und er konnte den Gedanken nicht loswerden, dass das nicht ein Dritter war, sondern János selbst, und davon wurde er so angespannt, dass er, obwohl er schon seit Jahren nicht mehr rauchte, plötzlich den unbändigen Wunsch nach einer Zigarette verspürte.

Lauter müde, abendliche Gesichter, erst kamen zwei ältere Frauen aus der Tür, dann eine jüngere, bemerkenswert dicke. Sie verließen das Gebäude, gingen aber noch nicht fort, sie blieben am Bordstein stehen und unterhielten sich, manchmal lachten sie laut auf, während die Korpulente den Kaugummi in den Mülleimer spuckte und sich eine Zigarette ansteckte. Sie hielt die dünne Damenzigarette irgendwie geziert zwischen den Fingern mit den falschen Fingernägeln, und auch den Rauch blies sie irgendwie unnatürlich, mit einem seitlichen Spitzmund aus. Interessant, dachte Feri, dass man sogar beim Rauchen affektiert sein kann. Er war schon drauf und dran, János zu fragen, was er davon hielt, als der plötzlich seinen Arm drückte und sich wie ein Jagdhund mit angespannten Muskeln nach vorn streckte. Das ist er, der jetzt rauskommt, siehst du, Feri, siehst du ihn? Zwei Männer traten aus dem Gebäude, ein kleinerer, grauhaariger und ein groß gewachsener junger, wohl der Filialleiter, denn er war es, der die Tür abschloss und sich daranmachte, das Gitter herunterzuziehen, mit dem er allerdings nicht klarkam. Der Ältere wollte ihm helfen, aber die Metallkonstruktion war oben hängen geblieben und er kam nicht ran. Ich weiß nicht, János, ich kann es von hier aus nicht richtig sehen, sagte Feri, während er mit zusammengekniffenen Augen die beiden sich ungeschickt anstellenden Männer und die drei über sie kichernden Frauen betrachtete. Nach einigem Gezerre gelang es dem jüngeren Mann endlich, das Gitter herunterzuziehen und es mit einem Vorhängeschloss an dem kleinen Metallring zu befestigen, der unten festgeschweißt war. Eine kurze Weile standen sie noch zu fünft da, dann machten sich der jüngere Mann und die korpulente Frau zur Straßenbahnhaltestelle auf, die anderen drei schlenderten eine Seitenstraße hinunter. Komm, sagte János, im Grunde war es ein Befehl, und lief los, der Gruppe hinterher. Feri wollte etwas sagen, János anflehen, wenn es sein musste, sie sollten nach Hause gehen, aber er musste einsehen, dass er keine Chance hatte, die Sache noch aufzuhalten, wie auch immer sie ausgehen würde.

Die drei spazierten so langsam vor sich hin, dass die beiden Männer an der Straßenecke angekommen wieder kurz anhalten mussten. Was watscheln die hier so herum, fragte János wütend, als würde man ihm seine Zeit stehlen. Feri kam für einen Moment in den Sinn, ihm zu sagen, dass sie ja nicht verpflichtet seien, dabei mitzumachen, aber er wollte keinen Streit, also schwieg er lieber. Die Gruppe blieb dreißig bis vierzig Meter von ihnen entfernt vor den Tischen einer Bierkneipe stehen, es sah so aus, als würde der Mann versuchen, die beiden Frauen zu etwas zu überreden, doch sie entfernten sich mit winzigen, höflichen Schritten von ihm, winkten zum Abschied und gingen weiter. Der Mann schaute ihnen eine Weile mit den Händen in den Hosentaschen hinterher, dann drehte er sich um und ging in die Kneipe.

Der Laden war voll, es gab kaum mehr freie Tische, auch an der Theke lehnten Gäste. Der Mann zog einen Barhocker an sich heran, legte seinen Mantel darauf und setzte sich, während die anderen beiden jede seiner Bewegungen durch das Fenster verfolgten. Abseits der Theke, in einer Ecke, waren noch zwei Stühle frei, wenn auch ohne Tisch. János drückte den Zeigefinger auf das kühle Glas und sagte, wir gehen jetzt rein, ich besetze die beiden Plätze, du bestellst was zu trinken und schaust dir dabei den Typen an, und damit öffnete er auch schon die Tür.

Feri ließ sich auf den Stuhl fallen, als hätte er den ganzen Tag einen schweren Rucksack geschleppt. Er reichte János eine Bierflasche, trank einen großen Schluck aus seiner, bevor er zu sprechen anfing. Ich glaube, du hast recht, er ist es wirklich. János rutschte nervös auf dem Stuhl hin und her, dann packte er Feri am Arm. Ich bin also doch nicht verrückt, jetzt siehst du's auch. Und was jetzt, fragte Feri. Nichts, wir warten, antwortete János grinsend. Als würden sie gerade ganz verschiedene Dinge erleben, dachte Feri und war überwältigt von der Erkenntnis. Während er insgeheim am liebsten davongelaufen wäre, grinste ihn János aufgeregt an, wenn sich ihre Blicke trafen, nickte sogar, als hätte er sich immer schon nach diesem Moment gesehnt. Wenn das wirklich so war, spann Feri den Gedanken weiter, dann erlebten sie vielleicht nicht nur diese Situation unterschiedlich, möglicherweise hatten sie immer schon anders an diesen Menschen gedacht und an alles, was sie seinetwegen durchmachen mussten. Ich dachte, sagte er schließlich laut, ich dachte, wir wären längst darüber hinweg, János.

Im Fernseher über der Theke lief ein Fußballspiel ohne Ton, die meisten Gäste schenkten dem keine Aufmerksamkeit, nur einige an der Theke sahen zu, darunter auch der Mann, während er gemütlich sein Bier trank, mittlerweile schon den dritten Krug. Jedes Mal, wenn er eine neue Runde bestellte, versuchte Feri ein wenig näher an ihn heranzukommen, schließlich blieb er unmittelbar neben ihm stehen und fragte ihn irgendetwas hinter seiner Schulter hervor, mehr oder weniger aus der Deckung. Erstarrt beobachtete János die Szene, und als Feri mit den Bieren zurückkam, fuhr er ihn an, was er sich dabei gedacht habe, am Ende ruiniere er alles noch. Sie waren beide schon etwas betrunken, eigentlich alle drei. Was wolltest du von ihm, fragte János schließlich; ich habe ihn gefragt, wer spielt, antwortete Feri; und, sagte János, woraufhin ihm Feri tief in die Augen blickte, ist das nicht egal?

Es war schon acht Uhr durch, als das Spiel zu Ende war und sich die Leute langsam auf den Nachhauseweg machten. Feri wollte gerade zur Toilette, als János ihm an die Schulter tippte und Richtung Theke zeigte. Der Mann mühte sich mit dem Ärmel seines Mantels ab, schließlich griff die Wirtin über die Theke und half ihm. Als sie auf die Straße traten, war es schon vollkommen dunkel, und auch die Luft hatte sich merklich abgekühlt. Der Mann ging schwankend auf die andere Straßenseite und lief Richtung Park, die anderen beiden folgten ihm mit etwas Abstand, schlurfend. Sie holten ihn ein, als er an einem Busch stehen blieb, um sich zu erleichtern. Feri musste auch, aber er verkniff es sich lieber, er konnte sich schließlich nicht einfach so danebenstellen. Ganz so hatte er sich das nicht vorgestellt, dachte János, aber so ist's auch gut. Sie standen geduldig, leise, mit den Händen in den Taschen und warteten gewissermaßen respektvoll, bis der Dritte alles herausgelassen hatte. Sie schauten sich auch wortlos zu Ende an, wie der Mann an seinem Schwanz zog und ihn ein paar Mal schüttelte, noch eine Portion entleerte, dann wieder schüttelte, bevor er ihn endlich wieder in seinen Hosenstall stopfte. Erst als er wieder losgehen wollte, sprach János ihn an, he, Sie, bleiben Sie mal stehen. Der Kerl drehte sich irrsinnig langsam um, musterte sie und fragte, was ist? Erkennen Sie uns nicht, fragte Feri. Wieso, sollte ich, fragte der Kerl und fing zu grinsen an. Wir haben Sie nicht vergessen, sagte János, ich kann aushelfen, was fällt Ihnen zum zehnten Februar neunzehnhundertneunundsiebzig ein? Nichts, sagte der Mann, immer noch grinsend. Verstehe, sagte János, Sie haben im Café Ibolya zu mir gesagt, wenn ich nicht tue, was Sie sagen, dann sorgen Sie dafür, dass alle erfahren, was für Perverse wir sind, erinnern Sie sich auch daran nicht? Der Mann musterte sie noch einmal, knickte vielleicht nur ein wenig in den Knien ein, vielleicht tat er auch wirklich einen Schritt auf sie zu und sagte, fick dich doch. Es gab keine Vorzeichen, dass Feri ihn angreifen würde, aber kaum dass der Fluch den Mund des Mannes verlassen hatte, schlug Feri ihm erst mit der Rückhand aus voller Kraft ins Gesicht, packte den taumelnden Mann am Hals und fing an, ihn zu würgen. Verdammter Mistkerl, du weißt genau, was du gemacht hast, dreckiger Spitzel, an der Uni und bei der Firma auch, verrecke doch. János packte Feri an der Schulter und versuchte, ihn wegzuzerren, aber er spürte, dass Feris ganze Kraft in seine Hände floss, die er um den Hals des Mannes geschlungen hatte, er konnte ihn nicht aufhalten. Er schrie ihn an, Feri, um Gottes willen, was machst du, hörst du, lass ihn los! Aber Feri hörte nicht auf, den immer lauter röchelnden Kerl mit den immer weiter hervortretenden Augen zu würgen, und er zischte ihm aus nächster Nähe ins Gesicht, dass ihm der Speichel aus dem Mund tropfte, mein Vater hat nie wieder ein Wort mit mir geredet, du verdammter Wichser! Auf der anderen Straßenseite hatte sich eine kleine Gruppe versammelt, auf das Gebrüll hin öffneten auch schon mehrere Anwohner das Fenster, einige mit Telefon in der Hand. Der Mann kniete mit zu Tode erschrockenem Gesicht und glasigen Augen auf der Straße und fiel nur deswegen nicht um, weil Feri ihn am Hals hielt, bis er seine Finger, wie auf Knopfdruck, plötzlich doch von ihm löste, als János' Faust ihn im Gesicht traf.

Lange, grausam langsame Minuten waren sie erstarrt, János sah immer nur seine Faust an, bevor sein Blick langsam auf Feri fiel, der reglos auf dem Pflaster voller Hundescheiße lag, mit blutender Nase, verdrehten Augen und bis zu den Knien vollgepissten Hosen. Der Dritte atmete keuchend ein und aus und rieb sich mit beiden Händen den Hals. János musste es wiederholen, denn beim ersten Mal hörte er gar nicht, wie er fragte, he, hallo, hören Sie mich, erinnern sie sich wirklich nicht an uns? Der andere versuchte, sich von den Knien zu erheben, aber es gelang ihm nur mit einem Bein. Mit blutunterlaufenen, hervorquellenden Augen sah er zu János hoch. Es tut mir leid, sagte er röchelnd, er bekam immer noch nicht genug Luft, die Wahrheit ist, dass ich mich nicht mehr an jeden von damals erinnere, es ist so viel Zeit vergangen. Erst da bewegte sich János, wandte sich Feri zu und sank neben ihm auf den Boden. Sanft tätschelte er sein Gesicht, in der Hoffnung, dass Feri davon wieder zu sich kam. Er atmete, das spürte er, aber seine Augen waren verdreht, und er reagierte auch nicht auf die Ohrfeigen. Der Mann trat hinter ihn und fragte, kann ich irgendwas helfen? János drehte sich nicht um, er flüsterte nur vor sich hin, machen Sie, dass sie wegkommen, lassen Sie uns in Frieden. Der Mann richtete sich auf, jeder einzelne Knochen tat ihm weh, es war reines Glück, dass er sich nicht übergeben musste. Er sah sich um, die Leute standen immer noch auf der anderen Straßenseite, von der Ecke her näherte sich ein Auto mit Blinklicht, aber das wartete er nicht mehr ab, er ging in die entgegengesetzte Richtung und verschwand mit unsicheren Schritten in der Dunkelheit.

Das
Ende
der
Nacht

Er wurde vom Quietschen der Wagenräder geweckt, genauer gesagt vom gedämpften, aber stetigen Kreischen der Bremsen, gefolgt vom Ächzen der Holzspeichen und dem verärgerten Schnauben der Pferde. Sie sind also da, sagte sich der Meister, aber er stand nicht sofort auf, eine Weile starrte er noch die Decke über der Couch an, genauer gesagt den Spinnfaden, der von der Decke hing und friedlich im Frühlingswind schaukelte. Davor war er zu Hause gewesen, saß auf der alten Bank neben der Werkstatt seines Vaters in Skalica, genoss mit geschlossenen Augen den Sonnenschein, dann ging er los, um den Hof abzuschreiten, aber er begegnete niemandem. Er spazierte barfuß durch das feuchte Gras bis zum Ende des Gartens und rief von dort aus die Namen aller. Außer dem Echo antwortete niemand, doch er verzagte nicht. Er setzte sich wieder auf die Bank und schnitzte an einem Tannenzweig, seine Handfläche wurde klebrig, aber das machte ihm nichts aus, er schälte weiter die Rinde ab, drehte das Stück Holz, bis nur noch ein glatter, feiner Spahn in seiner Hand übrig war, eine regelmäßige, schöne Form, die sich zwischen zwei dickeren Enden stromlinienförmig verjüngte. Er hob ihn an die Nase, um den Duft von frischem Harz einzuatmen, aber plötzlich vernahm er etwas anderes. Den abgestandenen Kellergeruch alter Menschen, den man aus den Zimmern, die sie zurücklassen, wochenlang nicht auslüften kann, das schwere, talgige Aroma schlaff gewordenen Gewebes, den Atem von höhlendunklen, trockenen, nutzlosen Mündern, das langsame Verrotten von Materie. Er warf den Stock weit weg, hinter die Sträucher, rannte zum Brunnen und versuchte sich in einem Eimer eiskalten Wassers die Hände zu waschen, aber er schaffte es nicht, seine Haut schmerzte schon vom vielen Schrubben, und immer noch spürte er diesen unerträglichen Geruch, der sich unbezwingbar in seinen Poren festgesetzt hatte wie eine unsichtbare fremde Armee.

Geht's dir gut, František, fragte seine Frau erschrocken, als sie ins Zimmer trat und sah, dass ihr Mann mit weit aufgerissenen Augen steif zur Decke starrte. Ja, antwortete er, räusperte sich und blinzelte ein paar Mal, aber er drehte sich immer noch nicht zu der Frau um. Sie

sind hier, sprach sie wieder, und obwohl sie sich mit aller
Kraft bemühte, es zu vermeiden, war da trotzdem etwas
Ungeduld in ihrer Stimme. Ich will dich nicht drängen,
fuhr sie fort, nachdem sich ihr Mann immer noch nicht
rührte, aber es wäre gut, den Fuhrmännern etwas zu
sagen, nicht, dass sie einfach wieder wegfahren. Wie sollten sie wegfahren, fuhr ihr Mann auf, er setzte sich mit
einer schnellen Bewegung auf die Bettkante, ohne mich,
ohne uns können sie nicht fahren. Die Frau senkte den
Blick, aber sie lächelte auch kaum merklich, sie mochte
es, wenn ihr Mann so entschlossen, mehr noch, wenn
er hitzig war, wovon ihr im Vergleich mit anderen Ehe-
frauen leider nur wenig zuteilwurde, und das fand sie
immer schon ungerecht, obwohl sie genau wusste, dass
andere Frauen mit Freude mit ihr getauscht hätten. Was
haben sie geschickt, fragte der Mann immer noch mürrisch und schaute seiner Frau in die Augen mit seinem
bohrenden, stahlblauen Blick, als wollte er sie verhören,
obwohl er sich schon seit einer Weile bemühte, freundlicher zu ihr zu sein, er hatte bloß kaum die Kraft dafür.
Einen wunderschönen schwarzen Landauer, wenn ich es
richtig gesehen habe, antwortete seine Frau und bekam
beim Gedanken an die Kutsche mädchenhaft rote Bäck-
chen. Das Dach, fragte wieder der Mann, während er mit
den zu Krallen gebogenen Fingern seiner linken Hand
durch die grau-braunen Locken seines Bartes strich. Ist
heruntergelassen, antwortete die Frau, und obwohl sie
wusste, dass ihrem Gatten die Nachricht nicht gefallen
würde, war sie, da sie genau darauf gehofft hatte, nicht
in der Lage, mit farbloser Stimme zu sprechen, und von

dem zarten Klingeln, das sie aus ihrer eigenen Stimme heraushörte, wurden ihr für einen Moment die Knie weich. Am Ende verärgere ich ihn noch, dachte sie und hielt sich vorsichtig am Türrahmen fest. Ich habe von Skalica geträumt, sagte der Mann, dann stand er auf und fing gemächlich an, sein Hemd für zu Hause aufzuknöpfen. In letzter Zeit erschien sein Geburtsdorf häufiger in seinen Träumen, und er wusste nicht so richtig etwas damit anzufangen, denn wach dachte er kaum daran und er verspürte auch nicht die geringste Nostalgie. Schon wieder, fragte die Frau, während sie ihm half, aus dem Hemd zu schlüpfen, schon wieder, sagte der Mann leise. Und, ist was passiert, fuhr die Frau mit der Fragerei fort, obwohl sie Träumen keine besondere Bedeutung beimaß, die andauernden Besuche ihres Mannes in Skalica ließen sie dennoch nicht kalt. Nein, diesmal habe ich keinen getroffen, antwortete der Mann. Den seltsamen Gestank, den er immer noch in der Nase spürte, erwähnte er nicht.

Die Kutscher draußen ertrugen das Nichtstun nicht länger, der eine kam zur Haustür und rief herein, Meister Rint, guten Tag, seid Ihr da? Der Meister seufzte und ging an seiner Frau vorbei, aber er öffnete die Tür nicht, schließlich war er fast nackt, er machte einige Schritte Richtung Eingang, damit sie ihn hörten, und sagte mit tiefer Stimme, warten Sie ein bisschen, wir sind gleich fertig. Die Frau kam mit dem Festtagsgewand, das sie schon am Morgen ordentlich abgebürstet hatte, und der Mann bemerkte erst jetzt, dass seine Frau in ihrem neuen, dunkelblauen Seidenkleid vor ihm stand, sie hatte es bestimmt angezogen, als er sich nach dem Mittagessen

hinlegte. Der Meister war keiner, der gerne protzte, Mode
hielt er für unnötige Schererei, besonders bei Männern,
er dachte über Kleidung genauso wie über sein Hand-
werk, statt übertriebener Zierelemente sollte man lieber
auf die hervorragende Qualität der Materialien achten.
Obwohl, seitdem er im Rahmen seines Auftrags die Möglichkeit hatte zu reisen, hatte sich seine Meinung etwas
geändert, nicht spektakulär, aber die wenigen neuen
Sachen, die er von hier und da mitbrachte, überraschten
seine Frau doch ziemlich. Sie sprachen natürlich niemals
offen darüber, aber der Frau fiel auf, dass es seit einer
Weile nicht mehr so schwierig war, ihren Gatten um Geld
für einen neuen Hut oder Schuhe zu bitten, und sie hatte
den Verdacht, das war nicht nur wegen des stattlichen
Vorschusses so, den ihnen die Herrschaft zahlte.

Es war an einem bitterkalten Februarmorgen vor
zwei Jahren, als plötzlich ein Reiter vor ihrem Haus
erschien, an seiner prunkvollen höfischen Uniform sah
man gleich, dass er in einer wichtigen Angelegenheit
unterwegs war. Sie machten ihm nervös die Tür auf, sich
für ihr einfaches häusliches Gewand entschuldigend,
aber den Kurier schien das alles kalt zu lassen. Er sprach
mit gemessener, aber freundlicher Stimme, mit ernstem
Gesichtsausdruck, aber nicht herablassend. Ich habe
einen offiziellen Brief, sagte er, für den Meister Franz
Rint persönlich. Das bin ich, sagte der Meister und nahm
den mit einem reich verzierten Siegel verschlossenen
Brief entgegen. Die Nachricht ist vertraulich, sprecht mit
niemandem darüber, sagte der Kurier, drehte sich um,
setzte sich aufs Pferd und ritt über die schneebedeckte

Dorfstraße davon. Der Meister und seine Frau sahen ihm verblüfft hinterher, bis seine flügelgleich flatternde nachtschwarze Pelerine im Nebel verschwand, der sich mit dem fortschreitenden Morgen aufzulösen begann. Wieder im Haus setzten sie sich an den Esstisch, schoben die vom Frühstück übrig gebliebenen Teller beiseite und legten den Umschlag aufs Damasttischtuch, sie trauten sich nicht gleich, ihn aufzumachen. Was kann der Fürst von einem Tischlermeister wollen, warum schickt er ihm eine persönliche Nachricht, dachten sie beide, aber sie sprachen kein Wort aus, sahen nur mit mal hochgezogenen, mal gerunzelten Brauen einander, dann den Brief und anschließend wieder einander an. Schließlich war es die Frau, die sich rührte, aber anstatt das Siegel zu brechen, schob sie den Umschlag von der Mitte des Tischs vorsichtig auf die Seite ihres Mannes. Der Meister lehnte sich im Armsessel nach hinten, kratzte sich am Bart, schnappte sich mit einer plötzlichen Bewegung den Brief vom Tisch und brach zwischen zwei Fingern, als würde er einen Käfer zerdrücken, das Wachs.

Was auch immer im Brief stand, es würde sie zweifellos überraschen, schließlich war es schon an sich ein vollkommen unerwartetes Ereignis, dass der Meister dem Fürsten in den Sinn gekommen war, dass der Herr der Gegend überhaupt wusste, dass er existierte, dennoch, worum es ging, war jenseits aller Vorstellung. Der Meister las mehrmals stumm den Brief, begleitet von der immer stärker werdenden Neugier seiner Frau, dann sah er die Frau an, und anstatt dass er ihr das Gelesene zusammengefasst hätte, überreichte er ihr einfach das

Papier. Die flinken kleinen Augäpfel der Frau huschten hektisch von links nach rechts, sie überflog den in eleganten Rundsätzen formulierten Text und sah dann bleich zu ihrem Gatten. Der Mann starrte seinen Bart streichelnd vor sich hin, sah weder seine Frau an noch den Brief, er ließ den Blick irgendwo zwischen die beiden gleiten, an einen imaginären Ort, vielleicht in die Zukunft.

An diesen Moment dachte der Meister, während er sich vor dem Spiegel mit der Krawattennadel abmühte, sich konzentriert die Weste zuknöpfte und verärgert die Fusseln von seinem festlichen Zylinder zupfte. Und als er mit dem Anziehen fertig war und sich einen letzten Blick im großen Spiegel zuwarf, dachte er immer noch daran. Ihr Leben hatte sich verändert, das war unstrittig, aber hatten sie sich auch selbst verändert, diese Frage quälte ihn, wer war er vor dem Brief und zu wem war er geworden, während er den Weg zu Ende ging, der ihm zugewiesen war, denn er zweifelte nicht mehr daran, dass das sein Schicksal war. František Rint, der beste Tischlermeister der Gegend war er einst gewesen, aber wer er heute war, das hätte er nicht mehr ohne Weiteres beantworten können, vielleicht am Abend, vielleicht, wenn wir es hinter uns haben, dachte er, drückte die Messingklinke der Zimmertür hinunter und trat neben seine Frau, die beim Eingang auf ihn wartete. Bist du fertig, Franja, fragte die Frau und strich, während sie ihn mit seinem Kosenamen ansprach, beruhigend über seinen Arm. Ja, sagte der Mann, schluckte und öffnete die Tür. Als sie unter den Augen der Kutscher, die ihr

Auftauchen mit hörbarem Aufatmen quittierten, auf die Kutsche zugingen, fiel ihm noch ein, was seine Frau wohl denken würde, wenn sie sah, woran er so viel gearbeitet hatte, wie sie ihn wohl anschauen würde, wie ihn ab jetzt ansprechen, und ob er sie nicht in die Details hätte einweihen sollen. Er versuchte, sich abzulenken, aber seine Bedenken konnte er nicht hinter sich lassen, lieber hüllte er sich in Schweigen und vermied es die ganze Fahrt über, sie anzuschauen.

Er hatte die Anweisung bekommen, vor dem Eingang des Jagdschlosses zu warten, ein junger Offizier teilte ihm das mit, ein nach Leutnant aussehendes, frühreifes Kind mit noch nicht ganz ausgewachsenem Schnurrbart. Der Meister stand geduldig vor den Treppen zum Eingang, das rechte Bein leicht angewinkelt, der Schnee reichte ihm bis zur Mitte des Stiefelschafts. Obwohl der Brief geradeheraus formuliert war, klärte er nicht alle Fragen auf beruhigende Weise, und das Finanzielle wurde auch nicht erwähnt. Der Stil schwankte zwischen einer schmeichelnden, höflichen Bitte und einem elegant diktierten herrschaftlichen Befehl. Es kostete den Meister einige schlaflose Nächte, bis er entscheiden konnte, ob er das Ganze als Ehre oder als Beleidigung auffassen sollte, schließlich bedeutete es etwas, dass er mit diesem Plan aufgesucht worden war, die Art und Weise, wie dieser vorgetragen wurde, gefiel ihm aber doch nicht restlos. Er betrachtete sich als freien Menschen, der durch sein Fachwissen und Talent dorthin gelangt war, wo er war, nun aber wurde er auf eine Weise angesprochen, auf eine

Weise gebeten, etwas zu tun, die ihn spüren ließ, dass er keine andere Wahl hatte. Ihr könnt eintreten, sagte der junge Offizier, nachdem er wieder in der Tür erschienen war, der Meister nickte, nahm seine Fellmütze ab und schlug seine Stiefel einige Male gegen die Seite der zweiten Treppenstufe, um den kleben gebliebenen Schnee loszuwerden.

Sobald er die aus Holz geschnitzte Schwelle übertrat, fand er sich allein in einem mächtigen Saal wieder, er sah fragend hinter sich, aber der Leutnant war draußen geblieben. Die Wände waren mit schön gearbeiteten Eichenschnitzereien bedeckt, dreißig, vielleicht vierzig Jahre alt, dachte der Meister, als er die Arbeit des einstigen Tischlers in Augenschein nahm, ziemlich geschickt, fügte er bei sich hinzu. Das Feuer, das im Kamin am anderen Ende des Saals brannte, verbreitete selbst aus dieser Entfernung eine angenehme Wärme. Der Meister zog seine Lederhandschuhe aus und knöpfte den Rock auf, zog ihn aber nicht aus, das wäre unhöflich, fiel ihm ein. Er trat drei Schritte in den Raum hinein, blieb dort aber wie angewurzelt stehen, das war die Grenze, so weit traute er sich allein zu gehen, von dort aus durfte er, so sein Gefühl, nur weitergehen, wenn er dazu aufgefordert worden war. Er ließ den Blick über die Wände rundherum wandern, Trophäen und Ölgemälde wechselten sich ab; Hirschgeweihe in den verschiedensten Größen und Formen, irreal große Eberköpfe mit angsteinflößend hervorstehenden Stoßzähnen, Mufflonschädel mit gedrehten Hörnern, stolze Auerhähne. Dazwischen Genrebilder des Waldlebens, mit erschrocken auf einer Lichtung stehenden Rehen, einer von Hunden und Reitern gejagten Füchsin und einer Handvoll mutiger Jäger, die aus unmittelbarer Nähe auf einen sich bedrohlich aufrichtenden, riesigen Braunbären zielen. Auf der größten Leinwand aber, die über dem Kamin hing, war eine Schlachtszene zu sehen, ein vertrautes Bild, dessen Reproduktionen er als Kind so oft gebannt angestarrt hatte, dass er es auch aus der Ferne, im Halbdunkel erkannte. Österreichische Ulanen mit glänzenden Brustpanzern und goldenen Helmen prallen mit französischen Dragonern mit roten Pelerinen aufeinander, über zerschmetterte Leichen und blutende, verzweifelte Verwundete hinwegsprengend unter einem mit freundlichen Schäfchenwolken gesprenkelten blauen Himmel. All das in jener heroischen Schlacht, in der die Vorfahren des Fürsten so viel Ruhm und Ehre über den Namen der Familie gebracht hatten.

Er war so vertieft in die wirbelnden Figuren, den wogenden Rhythmus und die fast erotischen Farben des Bildes, dass er erst gar nicht bemerkte, wie sich die Tür einen Spaltbreit öffnete und eine Gestalt dahinter hervortrat. Es war wieder ein junger Mann in Uniform, aber diesmal etwas reifer, auch müder als der zuvor, sein modisch vorspringender Bart und das dichte, nach hinten gekämmte schwarze Haar umrahmten die eingesunkenen, dunkel umrandeten Augen eines alten Mannes. Tischlermeister Franz Rint, fragte der Mann, während er mit den Fingern der linken Hand nervös auf dem verzierten Griff seines Säbels trommelte. Ja, der bin ich, antwortete der Meister und blickte unwillkürlich zur linken Hand des Offiziers. Die oberen beiden Glieder des Ringfingers und der gesamte kleine Finger fehlten. Der Fürst erwartet Euch, sagte der Offizier und trat beiseite, den Weg Richtung Tür freimachend, die er allerdings nicht öffnete. Der Meister ging verwirrt, seine Mütze in den Händen knetend los, er wusste nicht, was er tun sollte, vor dem jungen Mann stehen bleiben und warten, bis dieser ihm die Tür öffnete, oder auf einigermaßen erniedrigende Weise selbst zur Klinke greifen. Die wenigen Schritte, die sie voneinander trennten, versuchte er so langsam wie möglich zurückzulegen, während er daran dachte, dass sicher noch etwas passieren würde. Er irrte sich nicht, als er beim Offizier ankam, packte der ihn plötzlich am Arm und zog ihn ruckartig zu sich, wobei man spüren konnte, dass er ihn nicht angreifen wollte, es steckte eine gewisse verborgene Vertraulichkeit in der ansonsten heftigen Bewegung. Hört mir zu, flüsterte ihm der junge Mann ins Ohr, der Fürst wünscht Euch unter vier Augen zu sprechen, aber passt gut auf, was Ihr zu ihm sagt, und noch mehr, was Ihr über das heutige Treffen erzählt, wenn Ihr wieder zu Hause seid, mag sein, dass er nur ein seniler alter Mann ist, wir müssen trotzdem die höchste Ehrerbietung ihm gegenüber an den Tag legen, habt Ihr verstanden. Sehr wohl, antwortete der Meister verwirrt, schließlich hatte er keine Ahnung vom Gesundheitszustand des Fürsten, selbst dessen Alter hätte er nur ungefähr nennen können, noch dazu umklammerte der Mann seinen Arm so fest, dass er kaum ein Wort herausbrachte, obwohl er selbst auch nicht gerade als Schwächling galt. Dann sind wir uns einig, sagte der Offizier und ließ ihn ebenso plötzlich, wie er ihn gepackt hatte, los, öffnete mit grimmigem Gesicht die Tür und nickte in die Richtung des dahinterliegenden Zimmers. Der Meister ging los, doch die ihm aus dem Raum entgegenschlagende, sengende Hitze ließ ihn zurückschrecken. Er wollte schon verwirrt umkehren, aber der Offizier bedeutete ihm nervös gestikulierend, er solle hineingehen, nicht stehen bleiben, er zog sogar das rechte Bein nach hinten, um anzudeuten, dass er ihm notfalls mit einem Fußtritt über die Schwelle helfen würde.

Im Vergleich zum Vorraum war dieser Saal fast schmucklos, hier gab es weder Ölbilder noch Trophäen an den Wänden, und auch das Muster der Holzvertäfelung war nicht so protzig wie draußen, obwohl auch diese eine schöne Arbeit war. Bestimmt hat sie derselbe Meister gemacht oder zumindest ein ihm würdiger Schüler, dachte der Meister, während er mit vorsichtigen Schritten bis zur Mitte des Raumes ging, darauf achtend, nur durch den Mund zu atmen, bis er schließlich in respektvoller Entfernung vor dem Stuhl des Fürsten stehen blieb. Der betagte, in eine dicke Decke gewickelte Herr musterte ihn hinter halb geschlossenen Lidern geduldig von Kopf bis Fuß, bevor er ihn ansprach. Er hat also meinen Brief erhalten, sagte er schließlich, und da Er gekommen ist, interessiert es Ihn offenbar, was ich schrieb, setzte er mit zufriedenem Lächeln fort. Jawohl, mein Herr, antwortete der Meister, unsicher, wie er ihn ansprechen sollte, aber zum Glück schien der Fürst dem keine besondere Bedeutung beizumessen. Hat Er Kinder, fragte der Alte unerwartet. Jawohl, antwortete der Meister, einen Sohn, ich lasse ihn in Brünn lernen. Aber es wurde Ihm nicht nur dieses eine geboren, nicht wahr, fuhr der Fürst fort. Nein, sagte der Meister und senkte den Blick. Nach einer Weile fügte er hinzu, es gab noch zwei andere. Kann ich Ihn bitten, ein Scheit Holz aufs Feuer zu legen, fragte der Alte, und als er sich bewegte, rutschte die Decke von seiner Schulter und das goldbesetzte Schulterstück seiner Galauniform blitzte hervor. Unglaublich, dachte der Meister, dass er die selbst hier trägt, er konnte nicht entscheiden, ob er Bedauern oder eher Respekt dem Alten gegenüber empfand. Während er mit dem Schürhaken den Platz für das neue Scheit im Kamin ebnete, schoss ihm durch den Kopf, dass der Offizier draußen wohl recht hatte, und nachdem er das Holz ins Feuer gelegt hatte und sich wieder umdrehte, konzentrierte er sich darauf, sein Gegenüber wie einen Fürsten anzusehen und nicht wie einen hinfälligen Greis, wie er es vielleicht unwillkürlich getan hätte. Allmählich gewöhnte sich seine Nase auch an den Gestank. Ich hatte vier, hob der Fürst wieder an, den Blick an eine ferne Ecke des Raumes geheftet, aber keins erlebte seinen zehnten Geburtstag, und meine Frau ertrug die Trauer nicht. Aber auch das war ein Leben, seufzte er, jetzt behandle ich diesen armen Kapitän, als wäre er mein angenommener Sohn, und er freut sich mal darüber und mal nicht. Wieder sann er eine Weile vor sich hin, dann sah er den Meister an und sagte, sonst ist er ein guter Junge, Er hat es ja gesehen. Wenn er nur dieses Königgrätzer Scharmützel endlich verschmerzen könnte, und nachdem er das ausgesprochen hatte, ließ er den Kopf wieder sinken und verstummte.

Eine seltsame, zersplitterte Stille erfüllte den Raum, nur das Knistern der Holzscheite im Feuer verlieh der Zeit einen wahrnehmbaren Rhythmus. Die beiden Männer schwiegen eine Weile; wer weiß, wo der Fürst war, dem schiefen Lächeln nach zu schließen, das zwischen seinen Runzeln hängen geblieben war, fuhr er vielleicht gerade mit einem schwarz-golden verzierten vierspännigen Schlitten durch die Hügel um Kuttenberg, während der Meister gerne seinen immer noch schmerzenden Oberarm gerieben hätte, aber er traute sich nicht, und infolge dieser kleinen, unbedeutenden Feigheit wurde sein ganzer Körper von einem unangenehmen Jucken erfasst. Höre Er mir zu, ergriff der Fürst endlich wieder das Wort, aber mit einer Bestimmtheit, einer Härte, als würde seine Stimme nicht einfach aus seiner Lunge, sondern geradewegs aus der Blüte seiner Jahre hervorbrechen, ich hinterlasse denen, die nach mir kommen, außer der Tatsache meines Todes nicht viel, und auch Er nicht sehr viel mehr, das muss Er zugeben. Nur dass ich nicht bereit bin, einfach so zu gehen, und da brauche ich Seine Hilfe. Der Meister zeigte mit einem Nicken an, dass er verstand und dass er vorerst keine Fragen hatte, woraufhin der Alte auch gleich fortfuhr. Mein Großvater bewies sich auf dem Schlachtfeld, mein Vater in der Reichspolitik, sagte er, mein jüngerer Bruder ist ein einflussreicher Kirchenführer, ich bin nichts verglichen mit ihnen. Der Meister nickte hier nicht, um nicht respektlos zu wirken, aber er unterbrach den Fürsten auch nicht, er stand nur aufmerksam da, wartete, was jetzt kam. Vor einigen Monaten, setzte der Fürst seine Rede fort, als ich an einem frischen Spätsommernachmittag genügend Kraft in mir spürte um auszufahren, fuhr ich in meinem Lieblingswagen durch die Dörfer am Stadtrand, und als ich eins nach dem anderen hinter mir ließ, empfand ich immer qualvoller die Verzweiflung darüber, dass ich sie vielleicht zum letzten Mal sah. Dieses Gefühl kam mir nicht beim Gedanken, die Schlossräume mit den vergoldeten Decken, die Adelsempfänge und höfischen Zeremonien zu verlieren, fuhr der Alte immer aufgeregter fort, sondern beim Anblick der dörflichen Armenbehausungen, der Bauernhäuser, der staubigen Straßen und der barfüßigen Menschen. Hier verstummte er und blickte verlegen zum Meister. Ich weiß, ich weiß, das ist eine recht ungewöhnliche Sache, fuhr er beschwichtigend fort, ich weiß selbst nicht, wie es dazu kam, aber so geschah es, und als ich an jenem sonnigen, nach Primeln duftenden Tag aus meinem offenen Wagen in die Ferne blickte, füllten sich meine Augen mit Tränen, und ich fühlte mich, nach wer weiß wie langer Zeit wieder glücklich. Ich wollte sofort beten und befahl dem Kutscher, so schnell es ging zur nächsten Kapelle zu fahren. Während er davon sprach, zog der Fürst seine knochigen, dicht mit Leberflecken gepunkteten Hände unter der Decke hervor und faltete sie, als wolle er sich auch jetzt zum Gebet bereit machen. Die alte Kapelle, vor der der Wagen hielt, setzte er fort, war mir vage aus meiner Kindheit bekannt, aber ich war schon geraume Zeit nicht darin gewesen und wusste nicht, was mich dort erwarten würde, und es interessierte mich auch nicht, ich wollte ja nur, wie gesagt, ein wenig beten vor Glück.

Als ich eintrat, sah ich im dichten Halbdunkel nach der Helligkeit draußen kaum etwas, außer den Kerzen, die vor dem Altar flackerten, doch sobald sich meine Augen an das Dunkel gewöhnt hatten, fielen mir drei Pyramiden zu meiner Linken auf. Hier schluckte der Fürst hörbar und starrte den Meister mit verengten, glänzenden Augen an. Ich machte zwei Schritte auf die Pyramiden zu, sprach er weiter, und von dort aus konnte ich die Formen schon erkennen, jede bestand aus menschlichen Schädeln, kann Er das glauben, Hunderte menschliche Schädel standen dort vor mir zu drei regelmäßigen Pyramiden aufgetürmt. Ich sah sie nur an, stumm, aber ohne jede Furcht, dann fiel ich schluchzend auf die Knie und dankte für die Weisheit der Schöpfung.

Eine lange Stille folgte auf dieses Geständnis, vielleicht sprach der Fürst wieder ein stilles Gebet oder die Aufregung hatte ihn erschöpft. Der Meister wiederum versuchte das Gehörte genau zu verstehen und es mit dem, was im Brief stand, in Verbindung zu bringen. Im Brief stand natürlich nichts über dieses Abenteuer, der Fürst schrieb nur, dass er dem Meister den Auftrag zu einer sehr persönlichen Arbeit erteilen möchte, zur Erschaffung eines Kunstwerks, das ihnen beiden zur Ehre gereichen und ihrer beider Namen auf die gnädigste und demütigste Weise unsterblich machen könnte. Genau diese Worte, Gnade, Demut, Unsterblichkeit waren es, die ihn und seine Frau am meisten verblüfften, als sie den Brief lasen. Und der Umstand, dass über die genaue Art der Arbeit kein einziges Wort verloren wurde. Irgendwann hielt es der Meister nicht länger aus, er brach die Stille mit einem Räuspern und wandte sich dann mit einer kurzen, gezielten Frage an den Fürsten, Euer Gnaden, würdet Ihr mir verraten, was genau Ihr von mir erwartet? Der Fürst hob den Kopf von seiner Schulter, als hätte man ihn mit irgendeiner lästigen Nichtigkeit aus dem angenehmsten Nachmittagsschläfchen geweckt. Nun, sagte er trocken, dass Er meine unbedeutende kleine Kapelle in ein Monument von Weltrang verwandelt, in ein Denkmal des Kreislaufs von Leben und Tod. Eine Welle aus Kälte rollte den Rücken des Meisters hoch, irgendwo aus der Gegend des Steißbeins bis hinauf zum obersten Halswirbel, mit einer so deutlichen Vibration, dass sie an seiner Schädeldecke abprallte und für einen Moment seinen ganzen Körper erzittern ließ. Aber, sagte er mit klingenden Ohren, seine eigene Stimme verzerrt wiederhörend, ich bin ein Tischler, der auch Zimmermannsarbeiten ausführt, Euer Gnaden, kein Baumeister.

Der Fürst lächelte wieder, als hätte er genau gewusst, dass er diese Antwort von seinem Gegenüber bekommen würde. Natürlich, sagte er, genau deswegen habe ich Ihn rufen lassen. Euer Gnaden mögen entschuldigen, aber ich verstehe nicht ganz, ergriff der Meister erneut das Wort, warum habt Ihr gerade mich rufen lassen und, wenn Ihr mir die Frage erlaubt, woher wusstet Ihr überhaupt von mir? Die Antwort ist sehr einfach, sagte der Fürst nach einigem Geräkel, weiterhin verschmitzt lächelnd. Unsere Gegend ist nicht gerade reich an Künstlern, nicht wahr, an herausragenden Fachleuten aber herrscht kein Mangel, und da ich einen Partner für eine besondere Aufgabe suchte, habe ich meine Beauftragten hinausgeschickt, sie sollten nach dem feinsten Meister Ausschau halten, der sich nicht für einen Künstler hält, dennoch beinahe einer ist, aber ohne jeden Hochmut und ohne jede Anmaßung. Hier schwieg der Fürst einen Moment, dann sah er dem Meister in die Augen und fing einen neuen Gedankengang an. Jetzt, da Er hier vor mir steht, glaube ich, dass ich richtig entschieden habe, als ich Ihn habe rufen lassen. Ich hatte Bildhauer, Porträtmaler, Baumeister, lauter bedeutende Namen aus Wien und Prag, aus Brünn und Pressburg hier, einmal ist sogar ein französischer Kupferstecher in meinem Schloss aufgetaucht, aber ich kann diese Leute nicht ausstehen. Das Material, aus dem mein Denkmal gebaut werden soll, erfordert andere Hände, sagte er, und sein Blick wanderte zu den Händen des Meisters, woraufhin dieser wieder anfing, seine Mütze zu kneten, als wäre das warme Kaninchenfell ein Asyl für seine Finger. Aber, fragte der Meister nach einigem Zögern, von was für einem Material wäre die Rede? Von Knochen, gab der Fürst zurück, und nun lächelte er nicht mehr, jawohl, von Tausenden und Abertausenden menschlicher Knochen.

Der in winzigen Tropfen nieselnde kühle Frühlingsregen quälte die immer hoffnungsloseren Budweiser schon seit Tagen. Es lag ein sehr harter Winter hinter ihnen, umso sehnsüchtiger warteten sie auf die erste echte Märzsonne, aber die wollte einfach nicht kommen, stattdessen regnete es ununterbrochen, es wehte ein klammer Wind und der gerade erst aufgetaute, immer noch eiskalte Schlamm der Straße wurde immer tiefer. Im Gasthaus zum Goldenen Pokal heuerte der Meister einen jungen Mann mit hervorquellenden Augen und narbigem Gesicht, aber einer überraschend freundlichen Art als Träger an. Der zog nun auf einem kleinen zweirädrigen Karren die schwere Reisekiste hinter sich her. Marek, sprach ihn der Meister an, ich muss einen Brief aufgeben, aber das dauert nicht lange, bring solange die Kiste zum Bahnhof, ich komme auch bald dorthin und bezahle dich. Der junge Mann nickte, antwortete mit einem leisen Jawohl und ging, die etwas tiefer scheinenden Pfützen umgehend, weiter über die aufgeweichte Straße. Nach seiner Reise im letzten Herbst, als der Meister dem Brie-feschreiben nicht genügend Aufmerksamkeit geschenkt und damit seiner Frau so viel Sorgen und unnötigen Kummer bereitet hatte, beschloss er und gab ihr das Ver-sprechen, dieses Jahr aus jeder größeren Stadt, in der er Quartier nahm, eine Nachricht nach Hause zu schi-cken. Auch in Prag hatte er das nicht versäumt, und hier in Budweis griff er letzte Nacht, kaum dass er sein Zimmer im Gasthaus bezogen hatte, sofort zu Papier und Tinte. Er hatte bloß nichts zu schreiben, es war nichts Wesentliches passiert, der interessantere Abschnitt der Reise stand ihm noch bevor, und von der kleinen Stadt hatte er so gut wie nichts gesehen, die Unterkunft war genauso wie jedes andere Provinzgasthaus im Reich. Da er in seinem letzten Brief nicht darüber berichtet hatte, schrieb er nun einige Zeilen über den monumentalen Bau des bald fertiggestellten Prager Hauptbahnhofs, über die moderne Technik, die man anwendete und die er das Glück hatte, in Augenschein nehmen zu können, sowie darüber, dass manche Tschechen, besonders wenn sie angetrunken waren, dazu neigten, missbilligend zur Sprache zu bringen, dass das Gebäude nach dem Kaiser benannt werden würde. Zu Budweis fiel ihm nichts anderes ein, als dass das Bier, das er sich aufs Zimmer bringen ließ, genauso hervorragend war wie sein Ruf. Hier blieb er erneut stecken, mangels eines neuen Themas lehnte er sich nach hinten und fing an, mit kreisenden Bewegungen seine Schläfen zu massieren.

Seit der Begegnung mit dem Fürsten war bereits ein Jahr vergangen, aber er hatte immer noch das Gefühl, als wäre es gestern gewesen. Oft überkamen ihn wie eine Art Albdruck die Zweifel, ob er sich richtig entschieden hatte, als er das Angebot der Herrschaft annahm, ob er der Aufgabe wirklich gewachsen war und nicht nur aus Größenwahn im überheizten Zimmer des Jagdschlosses sofort zugesagt hatte, ohne auch nur Bedenkzeit zu erbitten. Und es war nicht einmal die Höhe der angebotenen Summe, wie seine Frau annahm, nachdem er ihr die Nachricht überbracht hatte, er selbst begriff gar nicht richtig, um wie viel Geld es sich handelte, er achtete überhaupt nicht auf die Zahlen, es war eher die obsessive, unerschütterliche Begeisterung des Fürsten, die ihn in den Bann zog. Insgeheim hatte er vielleicht immer schon geglaubt, dass es noch einen größeren Plan, eine erhabenere Berufung in seinem Leben geben würde, aber das wurde wahrscheinlich durch die Erinnerung an die Erziehung seines Vaters, der ihn zu Kompromissen und Nachgeben ermutigt hatte, unterdrückt. Er war geduldig, eilte den Dingen nie unnötig entgegen, aber an jenem Tag, als er dem Fürsten gegenüberstand, erkannte er, dass nach Jahrzehnten des Wartens nun endlich die Zeit des Tätigwerdens gekommen war. All das schrieb er seiner Frau nicht, wie er sie auch nicht genau einweihte, um was für einen Auftrag es sich handelte, er sagte nur so viel, dass er an einer Kapelle arbeiten würde und von nun an keine anderen Aufträge mehr annehme, er werde allerdings, um sich weiterzubilden, einige Studienreisen unternehmen. Seine Bezahlung deckte diese Reisen reichlich ab, also war er recht häufig fern von zu Hause. Er achtete darauf, den Sommer, wenn sein Sohn aus Brünn nach Hause kam, mit der Familie zu verbringen, aber sobald der Herbst kam und das Kind ins Kolleg zurückkehrte, machte auch er sich auf den Weg. Er mochte es zu reisen, auch das musste er erkennen, aber auch das schrieb er seiner Frau nicht, um sie nicht zu kränken, er schloss also den Brief einfach nur mit dem Satz, er würde viel an sie denken und für sie beten.

Er wurde zum Glück nicht enttäuscht. Sobald er in der Post, wo die Bearbeitung ärgerlich langsam voranging, fertig war und seine lederne Handtasche, damit sie nicht durchweichte, unter den Mantel steckend zum Bahnhof hinüberlief, wartete Marek unter dem schmalen Vordach auf der Bahnsteigseite des Gebäudes schon Pfeife rauchend auf ihn. Das Gepäck hatte er nicht mehr bei sich, als der Meister ankam, wurde es gerade von zwei Männern in langen Mänteln und Zylindern, dem Kutscher und seinem Gehilfen, auf dem Dach des Fahrzeugs verstaut. Es war schon sehr lange her, in seiner

Kindheit, dass der Meister zuletzt mit einer Pferde-
bahn fuhr, er schaute sich die Konstruktion an, als
würde er zum ersten Mal so etwas sehen, und tatsächlich war dieser Wagen anders, vornehmer und moderner
als der, den er einst ausprobiert hatte, aber verglichen
mit den Dampflokomotiven wirkte der breite, über vier
winzigen Stahlrädern schwankende Kutschkasten ausgesprochen altmodisch. Er zählte Marek die Münzen
in die Hand, winkte ihm zum Abschied und ging zum
Kutscher, der die langen Zügel zwischen den beiden voreinander gespannten Pferden richtete. Auf seine Nach-
frage hin, wie viel Zeit noch bis zur Abfahrt war, antwortete der backenbärtige Mann mit einem rauen Dialekt,
er solle ruhig einsteigen, man müsse nicht mehr lange
warten, sein Kamerad sei nur schnell weg, um Öl für die
Sturmlampen zu holen. Er beendete seine Antwort mit
einem breiten, leutseligen Grinsen, das dem Meister eine
undefinierbar schlechte Laune bescherte, wobei das vielleicht nur daher kam, dass er Menschen mit Zahnlücken
gegenüber immer misstrauisch gewesen war, und, natürlich, weil er nicht verstand, wofür sie am helllichten Tag
Sturmlampen brauchten.

Die anderen beiden Fahrgäste saßen schon auf der
rechten Seite, der Meister war also gezwungen, ihnen
gegenüber Platz zu nehmen, mit dem Rücken zur Fahrt-
richtung, was er ausgesprochen hasste. Beide Mitrei-
sende waren Männer, der eine grauhaarig und stämmig,
er schnarchte bereits, die schweren Arme über der unhöflich aufgeknöpften Samtweste verschränkt. Der andere,
ein junger Mann, der wie ein Student aussah, las hinter

seiner silberumrandeten Brille eifrig ein dickes Buch. Guten Tag, sagte der Meister, legte Hut und Schal ab und lehnte sich in seinem Sitz zurück. Der Student blickte über das Buch und erwiderte leise den Gruß, der andere schnarchte unbeirrt weiter. Nach wenigen Augenblicken öffnete sich die Tür der Kabine erneut, und der Kutscher mit dem Backenbart trat zu ihnen auf die mittlere Stufe hoch, um zu verkünden, dass alles zur Abfahrt bereit sei, sobald die Herrschaften bequem Platz genommen hätten. Er sprach so laut und zackig, dass auch der Fahrgast mit der Samtweste aufwachte, und als wüsste er plötzlich gar nicht mehr, wo er war, starrte er mit wässrigen Fischaugen mal zum Meister, mal zum Kutscher, begriff dann endlich die Situation und sagte mehrmals hintereinander schnell, ja, ja, ja, lassen Sie uns fahren.

Sobald der Kutscher die Tür geschlossen hatte und den Kutschbock bestieg, lehnte sich der Stämmige ein wenig nach vorn und streckte dem Meister die Hand hin, Matthias Schorf, sagte er, es ist mir eine Freude. Er hatte einen festen Händedruck, aber seine Handfläche war weich und feucht, er machte den Eindruck eines Mannes mit schwachem Kreislauf, dem selbst bei größter Kälte das Wasser in Strömen herunterlief, und obwohl er große Kraft in den Gliedern hatte, reichten wenige Stufen, damit er sich vor plötzlicher, heimtückischer Erschöpfung mit gerötetem Gesicht, keuchend gegen die Wand lehnte. Er war, wie er verriet, Salzhändler, der seine Qualitätsware aus den Bergen bei Gmunden nach Linz und Budweis beförderte, aber es kam auch vor, dass er in Prag oder Brünn ein Geschäft in die Wege leiten konnte, er war also ständig unterwegs, aber er war es schon gewohnt, und vielleicht würde es auch leichter, wenn die neuen Strecken erst fertig waren. Ein Mann braucht eine Leidenschaft, nicht wahr, sagte er mit lauter Stimme zum Meister. Meine ist das Geschäft, aber mir scheint, Ihr seid auch nicht unterwegs, um Eurer Tante einen Besuch abzustatten. Er gab ein röchelndes Lachen von sich. Er redete gern, das wurde schnell klar, er berichtete über seine Familie, über seine drei Söhne, die er nur kleine Thronfolger nannte, über die Kochkünste seiner Frau, über die Gebrechen seiner kranken Schwiegermutter, die besten Badeorte im Salzkammergut, sogar über die Kaiserin, die er letztes Jahr mit eigenen Augen in Ischl gesehen hatte. Der Meister nickte eine ganze Weile nur, es interessierte ihn nicht im Geringsten, was der Mann zu erzählen hatte, und den Studenten schien der unnötige Monolog ausgesprochen beim Lesen zu stören. Dann, von einem Augenblick zum nächsten, fing die Stimme des Salzhändlers zu verblassen an, jedenfalls in den Ohren des Meisters, er sah zwar noch, dass er sprach, das speckige Doppelkinn, die aufgeworfenen Lippen wogten vor seinen Augen, aber er verstand nicht mehr, was der andere sagte.

Der Meister hatte die nicht besonders spektakuläre, aber nützliche Gabe, dass er, wenn er wollte, die Außenwelt in jeder Situation vollkommen ausschließen konnte. Als er ein Kind war, sorgten sich seine Eltern, ob mit seinem Gehör etwas nicht in Ordnung sei, aber im nächsten Moment war alles wieder im Lot. Manchmal starrte er eben nur vor sich hin und war im Grunde woanders. Diesmal fiel ihm, während der Salzhändler weiter schwafelte, Czermna ein, und plötzlich stand er auch dort, am Eingang der winzigen Kapelle, in jenem von Polen bewohnten preußischen Dorf, wo fast hundert Jahre zuvor nach vier großen Kriegen, unzähligen Hungersnöten und Seuchen ein einfacher Priester das überwältigende und demütige Denkmal des Todes aus dreitausend menschlichen Schädeln errichtet hatte, um zum Schluss auch seinen eigenen auf dem Altar darzureichen. Wie oft hatte er seitdem versucht, sich das Gesicht dieses Priesters vorzustellen, nachdem er im Herbst letzten Jahres das Dorf besucht hatte, er versuchte in Gedanken Fleisch und Haut, Sehnen und Nerven auf die trockenen Knochen zu legen, die Augäpfel in ihre Höhlen zurückzulegen, den Gewölberaum des Schädels mit der glitschigen Masse des Gehirns auszufüllen, ihm eine Zunge in den Mund zu geben und sie sprechen zu lassen, damit sie ihm weitergab, ihm beibrachte, was sie über dieses großartigste aller Handwerke wusste, über diese wunderbare und verbannte Kunst, die die ihre war, über die Bildhauerei des menschlichen Skeletts, deren Muse der Tod ist, aber die zu den Lebenden spricht.

Nach der Reise nach Czermna wurde er von Visionen gequält, seine Frau hatte schon Angst, dass er verrückt geworden war, und er selbst glaubte das auch beinahe, weil er das Bild der Knochen einfach nicht loswerden konnte, im Halbschlaf sprachen die an der Kapellenwand angebrachten Schädel zu ihm, aber in einer Sprache, die er nicht kannte, und sosehr er auch versuchte, sich zu befreien, sie zu bitten, ihn auch sprechen zu lassen, er konnte ihnen nicht einmal die einfachsten Dinge verständlich machen. Ein anderes Mal sah er, wenn er wach war und jemandem ins Gesicht sah, hinter diesem plötzlich den nackten Schädel, den abfallenden Unterkiefer, die lose gewordenen Zähne und die leeren Augenhöhlen. Er wollte diese Zwangsvorstellungen zugleich loswerden und sie in seinem Bewusstsein speichern, er fürchtete sie und sehnte sich nach ihnen, und wenn er sich im Schatten seiner Visionen endgültig ohnmächtig fühlte, ritt er zur Kapelle hinaus und schritt zwischen den Schädelpyramiden auf und ab, nahm den einen oder anderen Schädel in die Hand, als könnte er durch die Nähe, durch die Berührung Kraft schöpfen, um den notwendigen Abstand zu finden und mit der Arbeit beginnen zu können. Aber er traute sich nicht anzufangen, bis er sich seiner Sache nicht vollkommen sicher war. Das gab er auch dem Fürsten gegenüber zu, doch dieser, vielleicht nur wegen der frischeren, herberen Herbstluft, die auf die unerträgliche Sommerhitze folgte, zu neuer Kraft gekommen, zog ihn nicht zur Rechenschaft, er antwortete, er vertraue ihm, und wenn er noch etwas Zeit brauche, solle er sich diese nehmen, er solle lernen, Inspiration sammeln und sich erst einmal beruhigen.

Er wurde plötzlich aus seinen Träumen gerissen, und zwar durch den Salzhändler, der mit seinem breiten Oberkörper über ihm stand, ihn an beiden Schultern packte und schüttelte, während der Student sein Buch in seinen Schoß hatte fallen lassen und die Szene mit erschrockener Miene beobachtete, und sogar der zahnlose Kutscher schien für einen Moment in der offenen Tür aufzutauchen. Was in drei Gottes Namen ist in Sie gefahren, fragte Schorf, verwundert und wütend zugleich, seine Schaufelhände immer noch auf den Schultern des Meisters haltend. Nichts, Verzeihung, sagte der Meister, sah sich dann um und fragte mit ein wenig Angst in der Stimme, warum stehen wir, etwa meinetwegen? Ach was, antwortete der Salzhändler, die Schiene ist zugefroren, wir müssen aussteigen, sonst können die Pferde den Wagen nicht den Berg hochziehen. Er trat einen Schritt zurück, warf sich immer noch wütend, mit ausladenden Bewegungen den Mantel über und verließ mit donnernden Schritten das Abteil.

Sie waren vermutlich schon weit oben, zwischen riesigen Bergen, aber man konnte nur wenig davon sehen, ein dicker, unangenehmer Nebel bedeckte das Tal, durch das das Schienenpaar verlief. Der Meister, noch ganz benommen von seinem vorherigen Dämmerschlaf, wickelte ganz langsam den Schal um seinen Hals, zog Mantel und Handschuhe an und stieg als Letzter aus dem Wagen. Die anderen standen zitternd neben den Schienen, während der Kutscher und sein Gehilfe die Sturmlichter anzündeten und sich, das erste Pferd am Zügel haltend, langsam auf den Weg machten, den Pass hinauf. Sehen Sie, sagte Schorf, deswegen kann hier keine Dampflok fahren, die kann diese Anstiege noch schwerer bewältigen, dabei wäre die schneller, ab Linz hat man auch alle Pferdezüge ausgetauscht. Und wie lange wird das so gehen, fragte der Student nervös, der vielleicht zum ersten Mal seit Beginn der Reise etwas sagte, ich muss rechtzeitig in Linz sein, ich muss noch heute weiter. Nur keine Ungeduld, junger Mann, rief der

Kutscher nach hinten, Sicherheit geht vor, nicht wahr, jetzt müssen wir erst einmal über den Pass. Und der Pass stieg, soweit es der Meister sehen konnte, noch eine ganze Weile vor ihnen an. Sie gingen wortlos über die vor Nässe quietschenden Steine, der Kutscher voraus, eine langstielige Pfeife rauchend, gefolgt von seinem Gehilfen, der den Nacken des hinteren Pferds streichelte, wenige Meter dahinter, mit den Händen in den Taschen der Student, dann der Meister, dicht neben der Kutsche, und am Ende, etwas zurückgefallen, der Salzhändler, dessen stockendes Keuchen aus der Dunkelheit zu hören war, die sich allmählich über sie legte.

Nach einer Weile frischte auch der Wind auf und pustete den immer müder werdenden Reisenden kalten Sprühnebel ins Gesicht. Der Meister behielt das Schaukeln der Sturmlampen im Auge, es gefiel ihm, wie die rötlich gelben Flämmchen den bedrohlich um den Wagen wirbelnden Nebel färbten. Mittlerweile sahen sie kaum noch bis zu ihren eigenen Füßen, doch dem Meister schien es, als hätte sich der Anstieg erst in eine Horizontale gewandelt und wäre dann zu einem sanften Abhang unter seinen Sohlen geworden. Er horchte, aber er hörte das Keuchen des Salzhändlers nicht mehr, dafür drang von der Vorderseite des Wagens her immer lauter werdendes Fluchen und das Schnauben der Pferde zu ihm. Er ging vorsichtig weiter, immer in sicherer Nähe zu den gespenstisch blinkenden Lichtern des Wagens. Der Nebel lichtete sich immer noch nicht, aber der Abhang wurde immer steiler, man spürte es an den leichten Schlägen in den Kniegelenken. Der Meister lief in Gedanken versunken, er dachte an seine Frau, mit einer gewissen Reue, sie so lange allein zu lassen, dann blitzte unerwartet das Bild der nackten Frau vor seinen Augen auf, mit einem koketten Lächeln in ihrem noch jungen Gesicht, die Beine gespreizt. Der Anblick traf ihn unerwartet, und er wusste nicht, aus welcher dunklen Kammer seiner Seele dieses Bild entschlüpft war, er fand es jedenfalls schön, aber er schämte sich auch ein wenig, als würde er der Frau tatsächlich auflauern. Es gab einiges an Schmerz in dieser Vision, nach der Geburt ihres Sohns mussten sie zwei Mädchen beerdigen, und beim zweiten Mal ging etwas zwischen ihnen zu Bruch. Nicht, dass sie sich gegenseitig die Schuld gaben, sie belasteten einander noch nicht einmal mit ihrer Trauer, es war eher die Luft, die zwischen ihnen einfror. Von einem Tag auf den anderen hatten sie einander nichts mehr zu sagen, eine schwere, zerbrechliche Stille senkte sich zwischen sie, und es kam nur noch äußerst selten vor, dass sie einander berührten. Und jetzt dieses Bild, der Meister schüttelte den Kopf, während er ein lächerlich starkes Verlangen nach dem Fleisch der Frau verspürte.

Aber dann tauchte aus nächster Nähe ein blasses Gesicht vor ihm auf und blinzelte ihn hinter einer nassen Brille an, wie ein erschrockenes kleines Tier. Es war der Student, der mit vor Kälte blauen, zitternden Lippen sprach, die Kutscher haben mich geschickt, sie sagen, der Abhang ist auch eisig, wir sollen uns sofort wieder reinsetzen, denn sie können nicht anhalten und bald kommen wir an eine schnelle Stelle. Der Meister sah sich erschrocken um. Aber ich finde Schorf nicht, wir können ihn doch nicht hierlassen. Kaum hatte er das ausgesprochen, tauchte das Gesicht des Mannes mit dem Backenbart aus den Nebelschwaden auf. Worauf wartet Ihr, steigt schnell ein, sagte er, wenn der Wagen einmal losgefahren ist, holt Ihr ihn nicht mehr ein. Aber wir können den dritten Fahrgast nicht finden, versetzte der Student, und bei dieser Nachricht zuckte der Kutscher sichtlich zusammen. Wie heißt er, fragte er. Matthias Schorf, antwortete der Meister, woraufhin der mit dem Backenbart aus voller Kehle zu brüllen anfing, Herr Schorf, wo sind Sie, Hallo, hierher, hierher! Es kam keine Antwort, und im schweren Nebel fiel selbst das Echo mit einem kraftlosen, dumpfen Flattern vor ihre Füße. Schorf, brüllten der Meister und der Student, Schorf, kommen Sie schnell! Derweil lief der Kutscher nach vorne, versuchte an der Bremse zu ziehen, doch das Fahrzeug rutschte immer weiter nach unten, die Pferde davor trappelten immer nervöser. Der Student verschwand von der Seite des Meisters, der aber gab immer noch nicht auf, er rief immer und immer weiter, Hallo, Hallo, und erst als der Wagen schon gefährlich weit vor ihm herfuhr, fing er neben den Schienen zu rennen an. Es gelang ihm gerade noch so, sich festzuhalten, und der Student zerrte ihn unter großen Mühen durch die offene Kabinentür ins Innere des Wagens. Der Meister stellte sich fest hin, lehnte sich hinaus und rief noch ein letztes Mal zum eisigen Pass hoch, aber da raste der Wagen bereits den Hang hinunter, und nach einer kurzen Weile ließen sie auch schon den Nebel hinter sich, und dort, auf der anderen Seite, erwartete sie endlich strahlender Sonnenschein.

In Hallstatt angekommen fiel er nach der erschöpfenden und insgesamt furchtbaren Reise sofort ins Bett. Die Linzer Polizei hatte ihn lange wegen des in den Bergen verschollenen Salzhändlers befragt, zusammen mit dem Studenten, der das langwierige Verhör nur schwer ertrug, da er dadurch seinen Anschluss verpasste und somit, wie sich aus seinem Geschimpfe herausstellte, die Beerdigung seines Vetters am nächsten Morgen in ihrer beider Heimatdorf. Der Meister bestieg schließlich am Vormittag des nächsten Tages den Zug, ab Gmunden fuhr er dann abwechselnd per Pferdewagen und per Schiff, bis er schließlich und endlich in diesem gottverlassenen Dorf am Ende der Welt ankam.

Wie er so auf dem Deck des nach dem Kronprinzen Rudolf benannten kleinen Dampfers stand, den Mantel vor sich zusammengezogen, die Haare zerzaust, und mit einem Mal die aus dem Schatten der Felswände auftauchenden, mit irrealer Leichtigkeit an der steilen Bergseite hängenden Holzhäuser erblickte, konnte er immer noch kaum glauben, dass er es bis hierhin geschafft hatte. Ihm war schwindlig vor Müdigkeit, und auf dem Schiff, das im starken Wind, der zwischen den Gipfeln herabfiel, nach links und rechts schaukelte, drehte sich ihm plötzlich der Magen um, aber obwohl er würgte und sich über die Reling lehnte, konnte er sich nicht übergeben, er hatte schließlich den ganzen Tag nichts gegessen. Einer der jungen Matrosen trat an ihn heran und reichte ihm eine Feldflasche, die er auch annahm, aber er trank nicht, er goss sich nur ein wenig Wasser in die Hand und wusch sich das Gesicht, und mit einer weiteren Handvoll spülte er sich den Gallegeschmack aus dem Mund. Es waren nicht viele auf dem Schiff, ein wohlhabendes Ehepaar in modischer Wanderkleidung sah sich auf der anderen Seite des Decks um, in der überdachten Kajüte saß eine alte Bäuerin mit großen Körben, und in der Ecke führten zwei junge Männer in schwarzen Anzügen ein hitziges Streitgespräch. Er sprach mit keinem von ihnen, er ging zum Bug und versuchte den Rest der Reise in sicherer Einsamkeit zu überstehen.

Nachdem zwei junge Träger seine Reisekiste unter großen Mühen vom Hafen zur angegebenen Adresse hochgeschleppt hatten, bot ihm sein Übernachtungswirt sofort Tee an und ließ ihn in einem bequemen Sessel Platz nehmen. Als er den heißen Tee getrunken und den Keks, den es dazu gab, gegessen hatte, konnte er kaum mehr sprechen, seine Lippen waren aufgesprungen, die Stirn schweißgebadet, er zitterte am ganzen Leib. Die Frau des Wirts machte ihm sofort das Bett im Gästezimmer und setzte Wasser auf, damit der Meister sich baden konnte, während sie einen ihrer Söhne losschickte, um den Arzt zu holen. Das Bad half einigermaßen, der Zuber stand in einem ungeheizten Zimmer auf der Rückseite des Hauses, und der Temperaturunterschied, den er, als er aus dem heißen Wasser stieg, plötzlich in sämtlichen Gelenken spürte, hatte letzten Endes eine wohltuende Wirkung auf seinen Kreislauf. Aber auch so fiel er, so wie er im bestickten, frisch duftenden Nachthemd, das er von der Familie bekommen hatte, das Bett erreicht hatte, in einen langen, schweren Schlaf.

Während seine Gastgeber immer mal wieder erschrocken nach ihm sahen und ihn sogar ein Arzt untersuchte und ohne ihn aufzuwecken ein schweres, nervöses Fieber bei ihm diagnostizierte, war er in Skalica, im alten Haus, mit diesem ersten Besuch nach so langer Zeit eine lange Reihe wiederkehrender Träume eröffnend. Die ganze Großfamilie war im Garten, alle in Schwarz, ausgenommen die kleinen Jungen, die barfuß und in weiße Hemden gekleidet herumliefen. Er schloss sich ihnen meistens an, aber manchmal war er gleichzeitig als Kind und als Erwachsener anwesend. Die Alten hielten Totenwache am Leichnam seines Großvaters, aber niemand schien traurig zu sein, es war ein sonniger Nachmittag, man aß und trank und man lachte, die jungen Burschen machten den Mädchen den Hof, neckten sie, jagten ihnen hinterher, und manchmal nahm ein Mann seinen Hut ab und ging allein ins Haus. Auf einmal winkte ihn seine Mutter zu sich, sie war noch jung und wohlgenährt, nicht die verängstigte, zerbrechliche alte Frau, an die er sich aus ihren letzten Tagen erinnerte. Mein Junge, komm mal her, rief sie ihn zu sich, und er lief zu ihr durch den Garten und blieb mit breitem Lächeln vor ihr stehen, mit einem Vollbart im Gesicht, aber noch mit flachsblondem Haar. Mein Sohn, du bist dran, sagte seine Mutter und zeigte auf die Tür, geh schön zu deinem Großvater hinein und verabschiede dich von ihm. Der Meister ging mit unsicheren Schritten auf die alte, dunkel gestrichene und mit einem Kranz geschmückte Holztür zu, an die er sich mit beiden Händen daranhängen musste, so schwer ließ sie sich in ihren rostigen Angeln bewegen. Der Duft frischen Kalks erfüllte den Raum, und in der Mitte, auf einem langen, mit schneeweißem Tuch abgedeckten Tisch lag mit gefalteten Händen, in festlicher Tracht, sein Großvater, duftend, frisch rasiert, mit glänzend gewichstem Bart. Er schlug das Kreuz, zog die Tür hinter sich zu, trat an den Toten heran und blieb mit gesenktem Kopf neben ihm stehen. Das Ganze war irgendwie unerklärlich angenehm, die Kühle des Zimmers, die makellose Sauberkeit der frisch gekalkten Wände, das ruhige Gesicht des Großvaters, seine schöne Kleidung, all das erfüllte den Meister mit Freude, und er erschrak nicht einmal, als der Tote auf einmal die Augen öffnete, den Kopf zu ihm drehte und ihn ansprach. František, sagte er, während er sich auf dem Tisch auf einen Ellbogen stützte, komm näher, ich kann nicht mehr laut reden, und der Meister trat noch näher an ihn heran, worauf der Tote sein Gesicht streichelte und fragte, bist du traurig? Nein, antwortete der Meister, woraufhin sein Großvater lächelte. Dabei solltest du traurig sein, sagte er, legte sich zurück auf den Tisch und erstarrte wieder in Regungslosigkeit.

Er verbrachte zwei volle Tage im Bett, auch wenn er am zweiten schon zu sich gekommen war, er aß sogar eine Kleinigkeit, aber abgesehen von den kurzen Gelegenheiten, wenn er sich erleichterte, hatte er keine Kraft aufzustehen. Am dritten Tag allerdings ging es ihm schon ganz gut, er erwachte gegen halb acht, wühlte sich aus dem Bett, ging langsam zum Fenster und schaute lange in die Landschaft. Das Dorf war auf einem schmalen Landstreifen zwischen streng und würdevoll aufragenden Felsen und dem unvorhersehbar tiefer werdenden Seegrund gebaut. Es führte keine öffentliche Straße hierher, das

Dorf war nur übers Wasser zu erreichen, dennoch wirkte es aus irgendeinem Grund nicht isoliert, es wurde häufig von Ausflüglern besucht, und die Dorfbewohner lebten gerne hier und wollten den Ort auch im Tode nicht verlassen. Platz für die Gräber gab es allerdings kaum, so dass von Zeit zu Zeit der Plan diskutiert wurde, außerhalb des Dorfes, auf der anderen Seite des Sees, einen Friedhof anzulegen, aber die Ansässigen wollten davon nichts hören. In der mürben Erde des Kirchhofs hatte jeder nur für zehn Jahre das Recht zu ruhen, danach wurden die Knochen von sorgsamen Händen gereinigt, der Schädel wurde gebleicht, die Familienmitglieder malten einen Kranz aus Lorbeer oder Eichblatt, eventuell ein Geflecht aus Blumen darauf, schrieben den Namen des Verstorbenen auf die Stirn und legten ihn zu den Knochen der anderen Toten der Jahrhunderte, in das kleine, in die Steilwand geschlagene Beinhaus. Dieses Beinhaus war das Ziel der Reise des Meisters, er konnte kaum mehr erwarten, es zu sehen. Er wusch sich schnell, legte seinen braunen Wollanzug an und machte sich, nachdem er die erstaunten Hauswirte kurz gegrüßt und das Angebot, auf das Frühstück zu warten, freundlich abgelehnt hatte, auf den Weg zur Kirche, die sich über den Häuserdächern erhob. In den engen Straßen war kaum einer unterwegs, die Stille klebte zwischen den archaischen Wänden wie das Waldmoos an den Stämmen der Bäume. Über dem See bedeckten noch graue Wolken den Himmel, aber die düstere Decke schien hier und da schon aufzureißen, durch die schmalen Ritzen stachen einzelne Lichtstrahlen und schlugen Funken auf der sich kräuselnden Wasseroberfläche. In der Ferne erschien, winzige Dampfwolken ausstoßend, mit kaum hörbarem Getucker die Kronprinz Rudolf mit den ersten Besuchern und der Tagespost an Bord.

Er durchschritt den verlassenen Kirchhof und das leere Kirchengebäude und hörte endlich ermutigende Geräusche aus Richtung der Sakristei. Ein Mann mittleren Alters packte Kerzenhalter aus einer Kiste in ein Regal, er fuhr erschrocken zusammen, als er aus dem Augenwinkel den im Türspalt stehenden Fremden bemerkte. Ich habe so früh mit keinem Besucher gerechnet, sagte er, reichte die Hand und stellte sich vor, ich bin Vater Fernleben, wie kann ich behilflich sein. Der Meister antwortete ohne zu zögern, dass er die Knochen sehen wolle. Obwohl dem Priester anzusehen war, dass er von dem bestimmten, fast schon fordernden Tonfall seines unbekannten Gastes überrascht war, bemühte er sich, sich verständnisvoll zu zeigen, und fragte den seltsamen Gast mit höflichem Interesse aus, worauf er denn eigentlich neugierig sei, warum er sich gerade für die Knochen interessiere, was er schon über sie gehört und wieso er ihretwegen so eine lange und beschwerliche Reise auf sich genommen habe. Dabei spazierten sie zwischen den Bankreihen entlang, traten in den Kirchhof hinaus und balancierten im Hühnerschritt zwischen den Hügelchen hindurch zum umlaufenden Felsenbalkon der Kirche, blieben dort einen Moment lang stehen und blickten still zum See hinunter. Sie setzten das Gespräch fort, während sie auf die Eisentür zugingen, die in die ausladende Steinmauer auf der anderen Seite des Kirchengebäudes geschnitten war. Der Meister sprach routiniert, schließlich musste er bei jedem bisher besuchten Ossarium über die Gründe seines Interesses berichten, er filterte sorgfältig die Informationen, damit er weder wie ein gefährlicher Besessener noch wie ein pietätloser Eindringling erschien, gleichzeitig verschwieg er, um eventueller professioneller Eifersucht vorzubeugen, dass er nach Inspiration für seine eigene Arbeit suchte. Um kein Aufsehen zu erregen, gab er sich im Allgemeinen als Amateurhistoriker aus, von diesen liefen im Reich genug herum. Bevor er die Tür öffnete, erzählte Vater Fernleben detailliert über die bewährte Methode, die Knochen zu reinigen, die Beschreibung der Prozedur mit einigen praktischen Neuerungen würzend, dann führte er in die Typen der traditionellen Motive der Schädelmalerei ein. Der Meister holte ein Notizheft hervor und schrieb alles auf, wovon er dachte, dass er es später noch gebrauchen konnte.

Als die schwere Eisentür aufging, schlug ihnen aus der Felsenhöhle ein feuchter, kalter Atem entgegen. Der fensterlose, pechschwarze Raum wurde nur langsam vom einsickernden Licht erhellt. An den Wänden standen einfache Holzregale, unter ihnen lagen in ordentlichen Haufen unzählige Knochen des menschlichen Skeletts, und in den Regalen standen in militärischer Ordnung mit dem Gesicht nach vorn die Schädel der einstigen Dorfbewohner. Obwohl dieses Beinhaus gegenüber den groß angelegten Ossarien anderer Gegenden durch seine Einfachheit bestach, besaß der Raum eine gewisse Feierlichkeit. Der Meister stand in der Mitte der kleinen Halle und

ließ den Blick über die schön geschwungenen, schnee-
weißen Stirnknochen der ehemaligen Seethaler, Pfandl
und Köstler gleiten, und als er die farbenfrohen Pflan-
zenmotive betrachtete, die um die Schädel herumliefen,
sah er die fleißigen Hallstätter vor sich, mit Pinseln und
Farbeimern in der Hand, ergriffen, aber stolz, während
sie versunken die irdischen Überreste ihrer Großeltern
und Eltern, ihrer Schwestern und Brüder verschönerten.
Vater Fernleben stand immer noch draußen, sah sich von
dort an, wie der Fremde mit der blassen Haut hektisch
etwas notierte und die Ziermotive in sein Heft abzeich-
nete, bis er irgendwann einige vorsichtige Schritte rückwärts machte und ihn sich selbst überließ.

Als der Meister jedes kleine Detail aus jedem möglichen Winkel untersucht hatte und auf den Rasen vor
dem Beinhaus trat, schlug ihn die unerwartet kräf-
tige Nachmittagssonne fast nieder. Vor seinen Augen
schwammen dunkle Flecken hin und her und auf und
ab, während das verkrampfte Zittern seines Magens ihn
darauf aufmerksam machte, dass es Zeit war, endlich
etwas zu sich zu nehmen. Er hatte keine Ahnung, wie
lange er dort drin gewesen war, aber es hatte gereicht,
dass seine Jacke die Feuchtigkeit des Raumes in sich auf-
nahm. Die Sakristei war mittlerweile abgeschlossen, und
vergebens schritt er die Kirche mehrmals von außen und
von innen ab, er konnte Vater Fernleben nicht finden und
sich somit auch nicht für den zuvorkommenden Empfang
bedanken. Nichtsdestotrotz machte er sich glücklich auf
den Weg zurück zu seiner Unterkunft, denn er hatte das
Gefühl, der Realisierung seiner Pläne einen bedeutenden

Schritt näher gekommen zu sein, zumindest zeichnete sich ein genauerer Ablauf der möglichen und notwendigen Arbeitsphasen vor ihm ab. Er war gerade erst in die Straße seiner Gastgeber eingebogen, als er aus dem offenen Tor die Rufe der Wirtskinder hörte, da ist er, da ist er, und kurz darauf sah er auch die Wirtin, die mit einem Brief in der Hand wedelnd auf ihn zugerannt kam. Plötzlich durchfuhr es ihn, dass er, seitdem er angekommen und ins Bett gefallen war, seiner Frau keine einzige Zeile geschrieben hatte, dann fiel ihm ein, dass man wegen eines Briefes von zu Hause nicht so einen Aufstand machen würde, aber bis er das zu Ende gedacht hatte, stand die Wirtin schon keuchend vor ihm und sagte mit versagender Stimme, man suche schon seit Stunden nach ihm, die Post habe eine dringende Nachricht für ihn gebracht, und mit diesen Worten drückte sie ihm das mit dem fürstlichen Wachssiegel verschlossene Trauerkuvert in die Hand.

Als sie im Schatten des Bahnhofsgebäudes voreinander stehen blieben, sah der Meister am Gesichtsausdruck seiner Frau sofort, wie abgezehrt und gerupft er nach den Krankentagen in Hallstatt und der unerwarteten und dementsprechend noch unbequemeren Rückreise aussehen musste. Sag nichts, flüsterte er seiner Frau zu, während er sie umarmte, nicht zu fest und auch nicht zu lang, um sie nicht noch mehr zu erschrecken. Wenn er in den Spiegel blickte, sah er selbst, dass die Haut in seinem Gesicht farblos und pergamentartig geworden war, auch die ergrauten Flecken in seinem Bart schienen mehr geworden zu sein, wenn er sich nach vorn beugte, spannte die Jacke nicht mehr an seinem Rücken, und unter den Schulterpolstern zeigte je eine Falte an, dass dieses Kleidungsstück nun von einem schmaleren Menschen getragen wurde als dem, für den es ursprünglich geschneidert worden war. Er hatte gehofft, dass das von außen nicht so deutlich zu sehen war, aber nun sah er diese Hoffnung enttäuscht. Doch er verzweifelte nicht, genauer gesagt verzweifelte er nicht darüber, denn er hatte das Gefühl, die körperlichen Torturen seien nun vorbei, er habe sie ausgestanden, dafür bürdete ihm der Tod des Fürsten innerhalb eines Augenblicks eine umso größere seelische Last auf. Gerade als er sich mit guten Nachrichten und fertigen Plänen auf den Rückweg hätte machen können, als er endlich allmählich die Möglichkeit zu einem würdigen Werk, einer ergreifenden Arbeit vor sich sah, die er seinem Patron reinen und dankbaren Herzens offerieren hätte können. Nun war er endgültig allein, das heißt, sie beide waren allein geblieben, der Fürst in seinem Tode, ohne dass er über die Ausführung seines Plans Gewissheit hätte erlangen können, und er mit dem bloßen Plan, der nunmehr wenn auch nicht seinen Sinn, so doch seinen unmittelbaren Zweck verloren hatte. Noch dazu konnte sich der Meister nicht einmal sicher sein, ob außer ihnen zwei, das heißt, ob nun außer ihm allein jemand etwas über die Details seines Auftrags wusste.

Das Abendessen nahm er wortlos, in seinen Teller starrend ein, mit jedem Bissen an seinen Zweifeln und Ängsten kauend. Dabei spürte er, dass seine Frau ihn beobachtete, dass sie auf etwas wartete, mehr als nur auf ein freundliches und nichtssagendes Lob dafür, dass sie seinen Lieblingsrinderbraten zubereitet hatte, sie erwartete mehr, sie erwartete etwas Ehrlicheres. Nachdem er das Fleisch aufgegessen und den letzten Schluck Franovka aus seinem Weinglas getrunken hatte, sah er die Frau an, bedankte sich für das angenehme Abendessen und bemerkte mit einem vorsichtigen Lächeln, dass er sich schon sehr lange gewünscht habe, das Essen seiner Frau genießen zu dürfen. Dann stand er vom Tisch auf und bevor er sich auf den Weg ins Schlafzimmer machte, fügte er noch hinzu, dass sich morgen wohl vieles zeigen werde. Er hätte gern viel mehr als das mit der Frau geteilt, aber er befürchtete, der eine oder andere seiner Gedanken, seine Vorahnungen würden sie erschrecken und das wollte er um jeden Preis vermeiden. Außerdem fühlte er sich nicht stark und vielleicht auch nicht mutig genug, um sie in die Details des fürstlichen Auftrags einzuweihen, was aber notwendig gewesen wäre, um die ganze Situation verständlich zu machen.

Die Frau sah ihm enttäuscht hinterher, sie hatte gehofft, die unerwartete Wendung würde ihr vielleicht die Gelegenheit bieten, der Arbeit ihres Mannes etwas näherzukommen, die, das wusste sie schon seit Langem, seine Leidenschaft, der heimliche Motor seiner Gedanken, Gefühle und Taten war. Jetzt jedoch spürte sie, dass sie in die gleiche, wenn nicht sogar in eine noch schwerere, noch luftlosere Stille hinuntersteigen musste als in den einsam verbrachten Tagen, nur, dass es diesmal in Anwesenheit des anderen sein würde, was noch frustrierender war. Am liebsten hätte sie ihren Mann angebrüllt, er solle sich sofort wieder hinsetzen und alles erzählen, aber sie sah die winzigen, rhythmischen Zuckungen der Müdigkeit und der Angst vor dem nächsten Tag in seinem Gesicht und sagte deshalb, während sie an einem lila Band, das ihr Kleid zierte, spielte, mit leise aus ihrem Mund fallenden Worten nur so viel, dass ein junger Offizier mit einer fehlenden Hand neulich nach ihrem Gatten gefragt habe. Auf diese Nachricht blieb der Meister abrupt stehen und griff, wie jemand, der von einem plötzlichen Phantomschmerz getroffen wurde, an seinen Arm und rieb ihn, als würde er immer noch wehtun. Hat er verraten, was er wollte, fragte er, woraufhin die Frau mit zusammengepressten Lippen stumm den Kopf schüttelte und nach einer Kunstpause hinzufügte, er hat nur ausrichten lassen, dass der Fürst ihm etwas aufgetragen habe, das er nur dir sagen dürfe. Mehr als nichts, seufzte der Meister und ging ins Schlafzimmer, drehte die Petroleumlampe auf und zog sich aus, um sich zu waschen.

Die Frau lehnte sich an den Türrahmen und sah ihrem Mann zu, dessen Bewegungen vom schwankenden Lampenschein im halbdunklen Zimmer gespenstisch vergrößert an die Wand geworfen wurden. Als er sich über die Waschschüssel beugte, stülpten sich seine Wirbel wie eine Reihe regelmäßiger kleiner Hügel unter der Haut hervor, an beiden Seiten von Rippen flankiert, die wie die Berge und Täler einer friedlichen, fernen Landschaft wirkten. Ihr Gatte war nicht nur mit unbekanntem Ziel an fremden Orten gewesen, dachte die Frau, er selbst ist irgendwie diesen Gegenden ähnlich geworden.

Dadurch verspürte sie sogleich Lust zu reisen, wenn sie ihren Mann schon nicht hatte begleiten können, dann wollte sie wenigstens jetzt, im Nachhinein über den Körper ihres Mannes wandernd die gemeinsamen Abenteuer nachholen. Aber anstatt sich hinter den Mann zu schleichen, wie sie es sich gewünscht hätte, und seine nackte Taille zu umarmen, führten sie die nüchternen Schritte ihrer Füße zum Bett, die Hände richteten mechanisch die frisch gewaschene Decke auf der Einzelliege und bauschten das duftige Kissen auf. Sie schliefen in einem Zimmer, aber schon seit Langem in getrennten Betten. Danke, sagte der Meister, nahm vom Regal neben dem Waschtisch sein sorgfältig gefaltetes Nachthemd und entledigte sich seiner Unterhose erst, nachdem er das knielange Kleidungsstück anhatte, das ihm zwei Jahre zuvor die Frau zum Geburtstag genäht und eigenhändig mit Verzierungen und seinem Monogramm bestickt hatte. Es stand ihnen eine lange, stille Nacht bevor.

Der Meister stand früh auf, ausgeruht und schlechter Laune, aber er hoffte darauf, dass sich die finsteren Gedanken bald verflüchtigen würden, wenn er sich so schnell wie möglich seinen Pflichten widmete. Er ging nach hinten zum Stall, stellte das Stück Brot und den Becher Kaffee, den er sich zum Frühstück gemacht hatte, ins Fenster, striegelte gründlich das Pferd, sattelte es, nahm noch den letzten Bissen und den letzten Schluck zu sich, zog den in Linz gekauften grünen Samtüberzieher an und ritt Richtung Jagdschloss los. Seine Frau, von der er dachte, sie schliefe noch, sah ihm hinter dem vorsichtig beiseite gezogenen Spitzenvorhang lange hinterher, als wäre sie sich nicht sicher, ob sie ihn jemals wiedersehen würde.

Um das Schloss herum hatte man Zelte aufgeschlagen, einige Militärwagen mit dicken Rädern standen neben dem Gebäude. Zwischen den Fahrzeugen stieg ein dünner Rauchstreifen auf, wahrscheinlich kochten die Fußsoldaten auf einem offenen Feuer Kaffee, auch auf den Treppen saßen einige herum. Als sie den eleganten Fremden erblickten, sprangen sie auf und verließen ihre bequemen Sitzgelegenheiten. Einer hielt zuvorkommend die Kandare des Pferds, während der Meister aus dem Sattel stieg, dann trat ein Korporal mit unrasiertem, aufgedunsenem Gesicht an ihn heran und fragte, wen er suche. Ich bin Franz Rint, sagte der Meister und trug kurz und bündig vor, dass er ein eiliges Treffen mit dem Kapitän habe. Der Korporal, der mit einem ganz ungewöhnlichen, östlichen Akzent sprach, bat ihn zu warten, lief die Treppen hoch und verschwand hinter der Eingangstür. Der Meister stand an der gleichen Stelle wie Jahre zuvor, an jenem seltsamen Wintertag, als der Fürst ihn zu sich kommen ließ. Unglaublich, dachte er, was für ein langer Weg und wie viel Zeit von dort zurück an diesen Punkt geführt hat, aber bevor er dem eine tiefere Bedeutung hätte beimessen können, ging oben die Tür auf und der Korporal winkte ihn zu sich. Man sieht gar nicht, dass jetzt alles anders ist, ging ihm durch den Kopf, während er dem geschwind ausschreitenden Soldaten hinterher durch die bekannte Kulisse des Empfangssaals ging. Jedes Geweih, jeder Eberkopf, jeder Auerhahn und jede Waldszene in Öl ist an seinem Platz, stellte der Meister fest, aber dann merkte er, dass doch etwas fehlte. Als er sich zum Kamin wandte, fiel ihm ein, dass die Schlachtszene dort gehangen hatte, aber nun verriet nur ein dunklerer, viereckiger Fleck an der Holztäfelung, dass dort einst ein Gemälde gewesen sein musste. Der Kapitän empfing ihn im gleichen Raum wie einst der Fürst, und obwohl die Fenster sperrangelweit offen standen und man die angenehme Pendelbewegung der frischen, morgendlichen Zugluft spüren konnte, steckte der alles durchdringende Mief immer noch in den Wänden.

Es freut mich, dass Ihr gekommen seid, sagte der Kapitän, bot dem Meister einen Stuhl an und setzte sich selbst auf die andere Seite des Tisches. Er schien genauso müde zu sein wie vor zwei Jahren, und seine Stimme war auch nur einen Hauch verbindlicher als damals. Ich nehme an, Ihr wisst, warum ich Euch gesucht habe, fing der Offizier an, wobei er die unversehrte Hand auf den Tisch und den Stumpf in seinen Schoß legte. Wenn ich mich nicht irre, geht es um die Kapelle, sagte der Meister. So ist es, sagte der Offizier, und während er fortfuhr, zeichnete er mit den Fingerspitzen unsichtbare Kreise auf die lackierte Tischplatte. Wie Ihr wisst, ging es Seiner Durchlaucht plötzlich schlechter, am Abend machte er noch einen Spaziergang im Park seines Stadtpalais, in der Nacht klagte er aber schon über Schlaflosigkeit, später über Fieber, was bemerkenswert ist, weil der Arzt nicht einmal erhöhte Temperatur feststellen konnte. Der Meister hörte dem Offizier wortlos zu, die emotionslose Art seines Vortrags zog ihn vollkommen in den Bann. Früh am Morgen wurde ein Reiter nach mir geschickt,

fuhr der Kapitän fort, als ich ankam, lag der Fürst schon
so ruhig, als hätte er sich mit dem nahenden Ende abge-
funden. Er ließ mich an seinem Bett Platz nehmen und
fing sofort an, über Euch zu reden, was ich anfangs, Ihr
mögt mir verzeihen, den Fieberträumen zuschrieb, es
brauchte etwas Zeit, bis ich begriff, dass er bei klarem
Bewusstsein war und tatsächlich diese Sache für das
Wichtigste hielt, das er vor seinem Tode mitteilen wollte.
Obwohl der Kapitän mit farbloser Stimme sprach, spürte
der Meister ein gewisses Gekränktsein in seinen Worten,
die eine oder andere entglittene Betonung, ein Atemzug
an der falschen Stelle, jedenfalls trafen sich die Blicke
der beiden Männer, und für einen Moment entstand
eine peinliche Stille. Und wenn ich fragen dürfte, ergriff
der Meister das Wort, was genau hat der Fürst zu Euch
gesagt? Daraufhin lehnte sich der Offizier in seinem
Armlehnstuhl nach vorne, legte auch die verkrüppelte
Hand auf die Tischplatte. Er sagte, antwortete er fast flüsternd, dass Ihr deswegen keine Tischlerarbeiten mehr
annehmt, weil Ihr im Reich unterwegs seid, um menschliche Knochen zu untersuchen, denn seine Durchlaucht
habe Euch den Auftrag erteilt, Ihr mögt in seiner Kapelle
das Denkmal des Todes errichten. Das Geflüster störte
den Meister, er ergänzte dennoch reflexartig, und das
des Lebens. Wie bitte, fragte der Kapitän. Das Denkmal
des Todes und des Lebens, erwiderte der Meister, nicht
nur das des Todes. Woraufhin der Kapitän lächelte und
wieder zum farblosen Tonfall zurückkehrte, in dem
er bis dahin gesprochen hatte. Ach so, sagte er, davon
verstehe ich nichts, ich weiß nur, dass der Fürst mich

gebeten hat, Euch dreitausend Gulden jetzt zu geben und dreitausend, wenn alles fertig ist, und ich solle Euch darauf aufmerksam machen, dass Ihr schnell arbeiten müsst, denn wenn der Bruder seiner Durchlaucht, der Kardinal, hier erscheint, wird sich alles auf einen Schlag ändern. Wie schnell, fragte der Meister. Wenn die Nachricht stimmt, antwortete der Kapitän, kommt er in zwei Wochen, und zur gleichen Zeit, fügte er hinzu, werden auch wir von hier abgezogen. Wie das, der Meister hob die Augenbrauen. Das Korps wird an die Südgrenze verlegt, antwortete der Kapitän mit lustlosem Gesicht und fügte nach kurzem Schweigen hinzu, bis dahin bin ich bereit, Euch fünf Mann an die Seite zu stellen, der Korporal wird sie für Euch auswählen. Er erhob sich aus seinem Sitz, damit anzeigend, dass das Gespräch beendet war.

Zwei der fünf Soldaten verweigerten sofort den Dienst und nahmen lieber den zur Strafe verhängten Entzug der Menage in Kauf, als bei dieser Arbeit mitzumachen. Das ist eine unreine Sache, sagten sie mit abergläubischer Furcht und mit dem gleichen östlichen Akzent, mit dem auch der Korporal sprach. Daran ist nichts unrein, antwortete der Meister und schickte sie fort, und bis zwei andere an ihrer Stelle kamen, stellte er sich zu den anderen drei, um beim Schippen, Säubern und Knochensortieren zu helfen. Die zwei Neuen ließen lange auf sich warten, die Bestraften verbreiteten nämlich, man habe sie zur Grabschändung zwingen wollen, so dass sich keiner mehr melden wollte. Schließlich sandte der Korporal zwei vierschrötige Kerle mit dunklen Augen, mit der Botschaft, dass er etwas Besseres als diese nicht habe auftreiben können, was die beiden Kerle dem Meister auch johlend bestätigten. In diesen zwei Wochen sahen sich der Meister und seine Frau kaum, und wenn, dann war der Mann im Allgemeinen so müde, dass kein ernsthafteres Gespräch mit ihm möglich war. Es kam sogar vor, dass er sich nur gerade so die schmutzigen Kleider vom Leib riss und sofort ungewaschen ins schneeweiße Bett fiel. Die Frau versuchte vergebens, ihn wieder zu wecken, und am nächsten Morgen fand sie nur noch ein leeres Bett vor. Schließlich warf sie sich eines Abends, als er nach Hause kam, weinend vor seine Füße und verlangte, dass er endlich erzählte, was er da machte, warum er nicht mit ihr sprach, warum er nicht mit ihr aß und warum er jeden einzelnen Abend wie der letzte Schaufler aussah. Da ließ er die Frau auf dem Sofa Platz nehmen, holte sich einen Stuhl, nahm die Hand der Frau in seine und sah ihr lange in die Augen. Diese unerwartete Wendung erschreckte die Frau mehr, als wenn das Schweigen angehalten hätte. Zum einen sah sie in den Augen des Mannes sofort den matten Glanz des schlechten Gewissens, zum anderen war die Handfläche des Meisters, die auch bei seinen alten Arbeiten manchmal hart und rissig wurde, so trocken und knorrig vor lauter Wundmalen, dass es ihr, als sie mit ihren eigenen weichen, weißen Fingerkuppen darüberstrich, so vorkam, als würde sie über Tuff streicheln. Glaube mir, es dauert nicht mehr lange, sagte der Meister, ich bitte dich, habe noch etwas Geduld. Sag mir nur, woran du arbeitest, František, flehte ihn die Frau an und fügte verschämt hinzu, als wäre es etwas Nebensächliches, dass im Dorf alles Mögliche erzählt würde. Der Meister drückte seine Daumen auf die leichten Hände, die in seiner Handfläche auf und ab glitten, und stoppte sie dadurch. Wieso, fragte er, was wird erzählt? Dass du die Gräber im alten Friedhof durchwühlst, sagte die Frau und senkte den Kopf auf ihre Brust, damit der Mann nicht sah, dass ihre Augen wieder voller Tränen waren. Sie wartete darauf, dass der Mann sie auslachte, diesen Klatsch zurückwies, sich empörte, die ahnungslosen Dorfbewohner alles Mögliche nannte, stattdessen musste sie sich mit einem einzigen, schmerzlich knappen Satz begnügen. Man darf nicht immer alles glauben. Mehr sagte der Mann nicht, er strich väterlich über das Gesicht der verzweifelten Frau und ging, wie sonst auch, wortlos ins Schlafzimmer.

Langsam, würdevoll rollte der ebenholzschwarze, offene Landauer mit seinen schweigenden Passagieren voran. Die Kutscher spürten vielleicht die Schwere des Schweigens, von dem die Kutsche erfüllt war, denn auch sie sprachen nicht, nicht miteinander und auch nicht mit den hinten Sitzenden, nur den Namen der Pferde sprachen sie manchmal aus, wenn diese zu langsam oder zu schnell liefen. Auch wenn die Abfahrt nicht ganz reibungslos abgelaufen war, lagen sie noch gut in der Zeit, sie konnten sich erlauben, in einem bequemen Ausflugstempo durch die Weidenallee zur Kapelle zu fahren. Der Meister fand seine Frau an diesem Tag sehr schön, die dunkelblaue Seide mit ihrem feinen Glanz hob die besten Eigenschaften ihres Gesichts hervor. Er hätte sie gerne genau in Augenschein genommen, aber er befürchtete, dass er, wenn ihre Blicke sich trafen, etwas sagen musste, und dazu fühlte er sich nicht in der Lage. Also schaute er lieber in die Ferne, in der Hoffnung, der Anblick der grünen Wellen der Hügel, der braunen Kräuselungen der Waldflecken oder der verstreut auftauchenden und in der nachmittäglichen, strahlenden Sonne weiß glimmenden Bauernhäuser würde ihn etwas beruhigen. Nur dass die Landschaft diesmal keinerlei Wirkung auf ihn hatte, je länger er sie betrachtete, umso trostloser kam sie ihm vor, bis ihm schließlich sogar die Augen zu flimmern begannen, so dass er gezwungen war, sich zum Wageninnern zu drehen, wo er sich auf einen Knopf im gegenüberliegenden Ledersitz konzentrierte.

Seit einer ganzen Weile vertraute er nur noch darauf, dass sein Werk alles erklären würde, was er in den vergangenen Monaten unfähig war zu formulieren. Denn wie hätte er die geeigneten Worte für all das finden sollen, das er durchlebt, was er sich vorgestellt, wovor er sich gefürchtet, wonach er sich gesehnt hatte, nein, der Kern seiner Arbeit war gerade, dass sie statt vieler einzelner Geschichten mit einer einzigen Behauptung sämtliche Fragen beantworten würde. Auch jene, die noch gar keiner gestellt hatte. Hätte er versucht, der Frau zu erklären, so wie er einige Male Anlauf dazu nahm, aber sogleich scheiterte, was die Knochen für ihn bedeuteten, wie sich im Lauf seiner Forschungen die Schädel von Abscheu erregenden irdischen Überresten zur vielseitigsten Metapher für den Kreislauf des Lebens und damit in ein feines Material für eine neue Kunst verwandelten, hätte sie ihn in der Tat leicht missverstehen können. Er war unfähig, die Sprache der Knochen in menschliche Sprache zu übersetzen. Auch die an der Arbeit beteiligten Soldaten weihte er nicht ins tiefere Mysterium des Prozesses ein, wie hätte er diesen einfachen Burschen auch erklären können, dass den zum Ornament gewordenen Todesmotiven eine tiefe Lebensbejahung entströmte und dass die elementare Vergänglichkeit des menschlichen Seins zu verstehen einem Fest gleichkam. Das war es, was ihm im Hallstätter Beinhaus klargeworden war, wie sich die einzelnen, voneinander getrennten Arbeitsschritte, die sich aneinanderschmiegenden Schichten des fremden Materials im scheinbar unwillkürlich erhebenden Tableau der Komposition berührten. Es musste nicht jeder alle Details verstehen, damit das Ganze eine Wirkung auf ihn hatte. Aber er ging noch einen Schritt weiter. Als Zeichen seines Respekts behielt er die drei Schädelpyramiden, die sein namenloser Vorgänger, der halb blinde Mönch, fast vierhundert Jahre zuvor allein errichtet hatte, alles andere jedoch ordnete er seiner eigenen besonderen, aufwühlenden Vision unter. Er baute die Kapelle nicht um, und er bedeckte ihre Wände auch nicht mit Knochen, wie er das an vielen Orten gesehen hatte, er degradierte die Ecken und Winkel des alten Gebäudes nicht zu einem Schädelmagazin namenloser Toter, er wandte sich stattdessen der Welt zu und zauberte aus den Tausenden und Abertausenden in ihrer Vereinzelung deprimierend erscheinenden Skelettteilen eine Kulisse des Lebens. Nachdem er das alles durchdacht hatte, spürte er erneut Kraft in sich und wandte den Blick wieder seiner Frau zu. Er lächelte die ihn verblüfft anschauende Frau schwach, aber ausdauernd an, nahm ihre in Spitzenhandschuhen steckenden Hände zwischen seine und flüsterte ihr, so dass die Kutscher es nicht hören konnten, zu, von heute an wird die Welt neu sein und ich wieder der Alte.

Auf dem Rasen vor der Kapelle wurden sie von einer kleinen Menschenansammlung erwartet. Der Erste, den der Meister bemerkte, war der Kapitän, er stand in Galauniform, mit unbewegtem, der Sonne zugewandtem Gesicht etwas abseits von den anderen, hinter ihm Fußsoldaten, unter ihnen auch diejenigen, die an der Arbeit teilgenommen hatten, sie standen in der Mitte des kleinen Platzes vor der Kapelle in einem Halbkreis und johlten. Am Fuß des Hügels standen Bauern in Sonntagstracht und zischelten ungeduldig, und im Hintergrund war, den Schatten der Kutsche mit dem fürstlichen Wappen nutzend, der Kardinal und unterhielt sich mit Kuttenbergs geistlichen Nobilitäten. Als sie den Meister und seine Frau erblickten, verstummten alle und wandten sich ihnen zu. Die Frau wurde ganz verlegen ob dieses seltsamen Empfangs, schließlich war sie es nicht gewohnt, dass alle Augen auf sie gerichtet waren, die große Stille, die durch ihr Erscheinen ausgelöst und die nur vom Schnauben und Wiehern der Pferde einigermaßen aufgelockert wurde, betrachtete sie als schlechtes Omen. Der Meister nahm, wie es schien, keine Kenntnis davon, was um ihn herum vor sich ging, er sprang, weiterhin lächelnd, selbstsicher aus der Kutsche, um noch vor dem Kutschergehilfen um den Wagen herumzulaufen und seiner Frau beim Aussteigen zu helfen. Die Ankunft des Ehepaars erregte wohl am ehesten die Bauern, die Frauen, die bis dahin um ihre Körbe herum auf dem Boden gesessen hatten, standen auf und flüsterten einander ständig etwas ins Ohr, während sie sich mal grinsend, mal mit wieder düsterer Miene näher an die Sehenswürdigkeit herandrängten. Der Meister hielt seiner Frau zuvorkommend den rechten Arm hin, den die Frau auch annahm, so, sich aneinander festhaltend, gingen sie gemessenen Schritts auf die Kapelle zu. Einige Meter davor blieben sie allerdings stehen und sahen sich verwirrt um, ob sie wohl zu jemandem hingehen sollten, und zu wem zuerst und was sie sagen sollten. Der Kapitän erkannte die Verlegenheit, trat an sie heran und küsste der Frau die Hand, den Meister begrüßte er mit einem Handschlag. Danke, dass Ihr gekommen seid, sagte der Meister, worauf der andere etwas kalt erwiderte, ich habe es dem Fürsten versprochen, dass ich hier sein würde, Rint. Der Kardinal und seine Gesellschaft beobachteten die Szene aus dem Hintergrund. Nachdem der Kapitän sich wieder zur Seite gestellt hatte, ging der Meister weiter, zog seine erblasste Frau mit sich, nickte den bekannten Soldaten zu und trat durch die sich bereitwillig teilende Menge der Schaulustigen vor die geistlichen Würdenträger.

Er blieb vor den im Schatten wartenden Männern stehen, Hochwürden, Ehrwürdige Herren, sagte er und neigte den Kopf, ich bedanke mich aus tiefstem Herzen, dass Ihr Euch hierherbemüht habt. Seine Frau wartete einen Schritt hinter ihm, so dass sie den dunklen Schatten nicht sehen konnte, der übers Gesicht des Mannes

huschte, aber die ausdruckslosen Blicke der ihr Gegen-
überstehenden reichten aus, damit der Schrecken an
ihren Sehnen zupfte. Passe Er auf, Rint, ergriff schließlich der Kardinal das Wort, ich bin aus Respekt vor dem
letzten Willen meines Bruders hier, nicht Seinetwegen,
aber wenn Er schon mal hier ist, zeige Er uns endlich das
große Werk. Als der Kardinal diese Worte ausgesprochen
hatte, umwoben die um ihn Stehenden den Meister mit
höhnischem Gelächter, doch er antwortete ohne Zögern
und ohne das geringste Anzeichen von Schmerz, jawohl,
verbeugte sich und ging zurück, Richtung Kapelle. Diesmal bot er seiner Frau nicht mehr den Arm an, er ging
mit ausladenden Schritten auf den kleinen Hügel zu und
holte dabei einen schweren Schlüssel aus seiner Innentasche hervor. Die Menge begleitete die Ereignisse mit
zurückhaltendem Raunen, bevor jeder in seinem eigenen Tempo versuchte, zum Meister aufzuschließen. Als
er den Schlüssel im Schloss drehte, schaute er sich noch
einmal um, vielleicht suchte er nach seiner Frau, vielleicht nach dem trotz all seiner Schroffheit ermutigen-
den Blick des Kapitäns, aber er fand keinen von ihnen.
Er ließ seine blauen Augen über den Menschenauflauf
streifen und öffnete schließlich mit einer selbstbewuss-
ten, leicht theatralischen Bewegung die zweiflügelige
Tür des kleinen Gebäudes.

Das Getöse und Geschrei draußen wich im Inneren
der Kapelle einer dichten, klammen Stille. Die, die als
Erste eintraten, blieben nach wenigen Metern wie angewurzelt stehen, einige hätten vielleicht sogar umdrehen
wollen, aber angesichts der hinter ihnen drängenden,

schubsenden Menge war das unmöglich, sie mussten
immer weiter in die unbekannte Tiefe vordringen, in
diesen erschreckenden, gespenstischen Raum, wie sie
ihn noch nie zuvor gesehen hatten. Einige Frauen fingen
zu kreischen an, andere falteten die Hände zum Gebet,
bekreuzigten sich ununterbrochen und blickten entsetzt
hin und her. Wenn man einmal eingetreten war, konnte
man sich dem Anblick nicht mehr entziehen, wohin man
auch schaute, sah man Oberschenkelknochen, Wirbel
und Schädel in einer verblüffenden, rätselhaften Anord-
nung. Die Frau des Meisters wurde von der Menge an den
Rand gedrängt, aber je näher sie der Kapelle rückte, umso
bedrückender spürte sie die Verwirrung der Menge und
die Verzweiflung der weiter vorne Stehenden. Ab und
zu sah sie, wie weinende Frauen und blasse Männer sich
ihren Weg entgegen dem Strom nach draußen bahnten.
Was ist hier los, dachte sie, während sie auf den Zehen-
spitzen stehend versuchte, über die Köpfe der vor ihr
Stehenden zu blicken, um etwas von drinnen zu sehen
oder wenigstens ihren Mann zu erblicken. Dann, als sie
Schritt für Schritt langsam die Schwelle erreichte und
am oberen Ende der Treppe stehen blieb, die hinunter
zur Mitte des Raumes führte, entfaltete sich der Anblick
vor ihr. Sie starrte mit weit aufgerissenen Augen und auf-
einandergepressten Lippen nach vorne. Vor ihr standen
vier Marmorsäulen, vollgepackt mit Schädeln und Oberschenkelknochen, oben auf den Säulen saßen verspielte,
geschnitzte Engelchen, und auch in ihre Hände hatte
man Knochen gelegt, dem einen oder anderen sogar
einen Schädel in Säuglingsgröße. Über die Gewölbedecke

liefen Girlanden aus Knochen und Schädeln, und auch die Bogengänge waren mit den verschiedensten menschlichen Überresten geschmückt. Sie wandte sich zur Seite, dort sah sie drei riesige Pyramiden aus Knochen, sie schlug sich die Hand vor den Mund, ihr war übel, aber sie ging noch einige taumelnde Schritte weiter hinein. Auf den Wandstützen standen riesige, aus Oberschenkel- und Hüftknochen, aus Wirbeln und Schulterblättern gebaute Kelche, und über ihnen an der Wand war, wie zur Verspottung des Herrn Jesus, eine aus Unterarmknochen und Schädeln gebaute Kreuzform aufgespannt. Was für eine Schande, dachte sie, was für eine grausame Schande, sie fiel schluchzend zu Boden. Erst dort, als sie nach Luft schnappend aufblickte, sah sie den über ihrem Kopf hängenden, bis zum kleinsten Einzelteil aus menschlichen Knochen zusammengestellten grauenhaften Kronleuchter. Es konnte nicht sein, es konnte einfach nicht wahr sein, dass das hier ein Werk ihres Mannes war, oder wenn doch, dann verstand sie wirklich gar nichts mehr, dann wusste sie gar nichts über ihn. Sie versuchte, sich inmitten des Getümmels aufzurichten, aber sie hatte keine Kraft dazu, da packte sie jemand am Arm und half ihr hoch. Es war der Offizier mit der amputierten Hand, er stand mit verschwitztem Gesicht und zerzaustem Haar vor ihr, die Gräben unter seinen Augen noch tiefer als sonst. Ich danke Euch von Herzen, sagte sie, und das Gefühl überkam sie, dass der Mann, in dessen Gesicht sie jetzt sah, vor einigen Augenblicken noch in irgendeiner Ecke bitterlich geweint hatte. Sie weinten beide, wenn auch aus gänzlich verschiedenen Gründen. Gnädige Frau, Euer Gatte erwartet Euch draußen im Wagen, ich begleite Euch bis zur Tür, sagte der Offizier und ging auch gleich los, zwischen den Dorfbewohnern hindurch, die Mondsüchtigen gleich, die Augen zur Decke gerichtet, hin und her gingen.

Wenn es ein Schweigen gibt, das noch größer ist als das, das auf dem Herweg ihnen den Brustkorb einschnürte, dann jenes, das sie auf dem Heimweg würgte, so dass sie kaum Luft bekamen. Der Kutscher, nunmehr ohne seinen Gehilfen, saß nach vorne gekrümmt auf dem Bock und trieb die Pferde an, als müssten sie fliehen. Vor den Augen des Meisters schwebte immer noch das rot angelaufene Gesicht des Kardinals, der ihm, während er ihn vor ihrem riesigen, aus Knochen zusammengesetzten Familienwappen zu sich zog, mit zusammengebissenen Zähnen ins Ohr fauchte, dass er ihn nur deswegen nicht sofort vor ein Gericht stelle, weil hinter dem Ganzen noch der Name seines unglücklichen Bruders schwebe, aber was hier geschehen sei, sei Gotteslästerung, und das würde ab dem heutigen Tag keiner mehr vergessen. Es war eine peinliche Szene, dennoch musste der Meister hinter seinem Bart verborgen lächeln, wenn er daran dachte. Die Frau starrte mit kraftlos in ihrem Schoß liegenden Händen und blutleerem Gesicht hinaus und versuchte an nichts zu denken, aber es gelang ihr nicht. Ihrer beider Leben war endgültig ruiniert, das ging ihr im Kopf herum, und was sie wohl von nun an erwarten würde, die stumme Gesellschaft eines wahnsinnig gewordenen, ausgestoßenen Mannes, die Erinnerung an einen fernen, immer fremderen Sohn und quälend lange

Abende, die sie sich unglücklich, hinter beiseite gezogenen Spitzenvorhängen anschauen durfte.

Zu Hause angekommen warf der Meister nachlässig seinen Zylinder auf den Boden, holte eine Flasche Frankonia und zwei Gläser hervor, zündete sich eine Zigarre an und setzte sich an den Esstisch. Aus seiner Innentasche holte er den Umschlag hervor, den ihm der Kapitän hinter der Kapelle zugesteckt hatte, zählte zweimal hintereinander sorgfältig das Geld und legte den dicken Packen an eine Ecke des Tisches, um ihn der Frau geben zu können, sobald diese aus dem Zimmer kam. Aber er wartete vergebens, die Frau ließ sich nicht blicken, er war schon mit dem zweiten Glas zu Ende, als er schließlich die Geduld verlor. Er ging langsam zur geschlossenen Tür des Schlafzimmers und klopfte, schließlich rief er auch vorsichtig hinein, was ist los, Liebe, kommst du, um mit mir anzustoßen? Es kam keine Antwort, aber er gab nicht auf, er klopfte noch einige Male und rief immer lauter, Hallo, Liebste, komm heraus, lass uns feiern. Schließlich drückte er die Klinke, aber die Tür war von innen abgeschlossen. Er verstand zwar nicht, was in seine Frau gefahren war, aber er hatte so gute Laune, dass er, anstatt weiter an der Tür zu rütteln und zu rufen, sich lieber wieder an den Tisch setzte und ein weiteres Glas vom Roten trank. Er spielte lächelnd an seinem Bart, und wenn ihm das eine oder andere Bild vom Nachmittag in den Sinn kam, lachte er leise auf. Allein das Schweigen der Frau störte ihn, aber irgendwann kam er zum Schluss, dass sie sich schon bald wieder versöhnlich geben würde. Er stand erregt auf, machte mit dem Weinglas in der Hand einige Schritte neben dem Esstisch, dann ging er zur Eingangstür, öffnete einen Flügel und blieb im Dunkel vor dem Haus stehen. Der Himmel war wolkenverhangen, aber hier und da glomm ein Stern, und es war, als würde der kühle Wind den Duft ferner Fichtenwälder über das Land kämmen. Er seufzte und dachte, wenn die Nacht doch nur nie ein Ende nehmen würde, dann blickte er lange zu einem unbekannten Punkt am rußschwarzen, niedrigen Himmel, und da keimte, erst nur leicht, wie ein Atem, der ihn am Nacken streifte, und dann mit einem immer stärkeren Pochen der Verdacht in ihm auf, dass vielleicht doch alles für immer so bleiben würde. Und die sich in ihn einnistende Angst konnte er nicht mehr loswerden.

Dénes Krusovszky

wurde 1982 in Debrecen, Ungarn, geboren und studierte an der Eötvös Loránd Universität in Budapest Ungarische Literatur, Ästhetik und Vergleichende Literaturwissenschaft. Er war einer der Gründer der Dichtergruppe Telep (»Siedlung«) (2005–2009) und ist Chefredakteur der Lyrik-Website *Versum* (versumonline.hu). Auf Deutsch erschienen bislang der Gedichtband *Wie schön das Kaputt-gehen ist* (2011) und *Gedichte/Skulpturen* (mit Benjamin Stölzel, 2018). Dénes Krusovszky erhielt zahlreiche Auszeichnungen in Ungarn, darunter den József-Attila-Preis 2013. Krusovszky lebt und arbeitet in Wien und Budapest.

Terézia Mora

wurde 1971 in Sopron, Ungarn, geboren und lebt seit 1990 in Berlin. Für ihren Roman *Das Ungeheuer* erhielt sie 2013 den Deutschen Buchpreis, zuletzt erschien *Muna oder Die Hälfte des Lebens* (2023). Für ihr Gesamtwerk wurde ihr 2018 der Georg-Büchner-Preis zugesprochen. Terézia Mora zählt außerdem zu den renommiertesten Übersetzern aus dem Ungarischen.

DIE ANDERE BIBLIOTHEK wird herausgegeben
von JULIA FRANCK und RAINER WIELAND.

DAS LAND DER JUNGEN
von Dénes Krusovszky
ist im Februar 2024 als vierhundertsiebzigster Band
der ANDEREN BIBLIOTHEK erschienen.

Auf Ungarisch kam es 2014 unter dem Titel
A fiúk országa bei Magvető, Budapest, heraus.
© Dénes Krusovszky, 2014
Die deutschen Übersetzungsrechte wurden vermittelt durch
Magvető Publishing, Budapest.

Die deutsche Übersetzung ist Terézia Mora zu verdanken.

Das Lektorat lag in den Händen von Rainer Wieland.

Die Andere
Bibliothek

Dieses Buch wurde gestaltet und ausgestattet von Dicey Studios,
Berlin, Martin Müller.
Den Satz besorgte Dörlemann Satz, Lemförde,
mit den Schriften Gentium Basic und Gentium Book Basic.
Die Herstellung lag in den Händen von Nadja Caspar.

Das Memminger MedienCentrum druckte auf 100 g/m² holz-
und säurefreies, ungestrichenes Munken. Dieses wurde
von Arctic Paper ressourcenschonend hergestellt. Den Einband
besorgte die Verlagsbuchbinderei Conzella in Aschheim-Dornach.
Einbandgestaltung unter Verwendung von Fotografien von
Paolo Bendandi/Unsplash, Christopher Campbell/Unsplash,
Taras Chernus/Unsplash, Albert Dera/Unsplash, Gregory Hayes/
Unsplash, Austin Human/Unsplash, Rhand McCoy/Unsplash,
Ludovic Migneault/Unsplash, Tim Mossholder/Unsplash,
nate/Unsplash, nrd/Unsplash, Oliver Ragfelt/Unsplash,
Sammy Sammy/Unsplash.

Die Originalausgaben der ANDEREN BIBLIOTHEK
sind limitiert und nummeriert:

1–3333   2024
Dieses Buch trägt die Nummer:

1239   ✻

ISBN 978-3-8477-0471-3

Die Andere Bibliothek
© Aufbau Verlage GmbH & Co. KG, Berlin 2024
www.aufbau-verlage.de
10969 Berlin, Prinzenstraße 85